한국 페미니스트 신학자의
유교 읽기

한국
페미니스트
신학자의
유교 읽기

神學에서 信學으로

이은선 지음

모시는사람들

1.

올해 (사)여성문화예술기획은 여성 독립운동가들의 삶을 낭독극
으로 만드는 일을 하고 있다. 그 일과 관련해서 독립투사 석주 이상
룡 선생의 손부 허은 여사(許銀, 1907-1997)가 구술한 『아직도 내 귀엔
서간도 바람소리가』를 다시 손에 들었는데, 정말 통한의 눈물 없이
는 읽어 내려갈 수 없는 이야기들이 가득했다. 허 여사는 구술에서
20세기 초 나라가 국권을 잃어 갈 무렵 일련의 유교 유사(儒士)들이
어떻게 당시 쓰러져가는 나라를 구하기 위해서 온몸과 마음으로 고
생했는지를 생생한 언어로 전해주고 있다. 특히 대한민국임시정부
초대 국무령을 지낸 석주 이상룡 집안이나 친정 의병대장 왕산 허위
가족, 우당 이회영 가와 함께 한반도를 떠나서 북간도나 서간도 등
의 만주지역으로 이주해간 사람들이 상상을 초월하는 고통과 고난
속에서 항일독립투쟁을 이어간 이야기를 전해준다. 다시 한번 그들

의 희생과 고통 앞에서 머리 숙인다.

여기서 허 여사는 1922년 열여섯의 나이로 혼인한 후 시할아버지가 된 석주 선생이 만주로 망명하면서, 안동 고성(固城) 이씨 임청각의 종손 대행을 첫째 동생에게 맡기지 못하고 그 동생의 큰아들, 즉 장조카에게 맡긴 이야기를 전한다. 석주 선생의 첫째 동생은 안동에 기독교가 들어오자마자 믿기 시작해 예수교회 장로가 되어서 "예수 믿는 동생에게 시킬 수가 없었"기 때문이라고 하며, 대신 그 조카는 가족들은 모두 교회에 다녔지만, 자신은 종손의 도리를 다하기 위해 예수를 믿지 않고 유교 가문의 전통을 이어갔다고 한다. 허 여사도 1932년 다시 환국하여서 6·25동란을 겪는 중 남편까지 잃고서 어린 자녀들과 살길이 막막해 대구의 기독교인 시가 어른을 찾아갔더니, 예수 믿으면 살 수 있으니 예수 믿으라 했으나 자신은 "유가의 종부라 믿을 도리가 없었"고, "그것만은 정말 불가능한 일이었다"라고 여겨서 그렇게 하지 않았다고 구술한다.

2.

한국 유교와 개신교 기독교의 만남 초기에 있던 아픈 이야기이다. 꼭 그래야만 했을까? 허 여사의 구술을 읽다 보면 서구에서 들어와 이 땅에 늦게 펼쳐진 기독교가 유교를 그렇게 소원(疏遠)시 하고, 배타와 '개종'의 대상으로 여겼지만 유교 지사들이 어떻게 큰 지조와 뜻을 가지고 한일병탄 이전부터 의병으로서, 그리고 이후도 빼앗긴 나라를 되찾고자 국내외에서 고투했는지가 잘 드러난다. 물론 유교 시대였던 조선이 망한 것이니 그 유교가 핵심 과오자로 비난과 배척을 받는 것은 어쩌면 당연할 수 있다. 하지만 늦게 들어온 기독교가 그 유교가 핵심으로 엮어 놓은 과거에 대해서 너무 모르고, 모든 책임을 유교로 돌리는 것은 과거에 대해 너무 '배은망덕'한 것 아닌가 하는 생각도 든다. 반면 당시 유교 측은 시대와 나라를 위한 공(公) 의식에서는 매우 앞서나가서 서구 사회주의나 마르크시즘까지 받아들였으면서도, 예를 들어 성 의식에서는 고루하여 여성들에게 교육의 기회를 차단하고, 삶의 온갖 고통과 질고를 씌우는 일을 다반사로 했다. 급진적 공(公) 의식의 가계 출신 허 여사의 삶에서도 보듯이, 어린 나이에 시집을 가서 시할아버지, 시아버지, 남편의 항일운동 뒷바라지를 모두 한 몸으로 해야 했고, 계속되는 출산과 빈곤, 생활의 불안정에도 불구하고 며느리로서, 종가의 종부로서 수많은 과제를 한 몸에 안았으니, 비록 그녀가 몇 번씩 혼절하면서도 자신의 역할에 대한 끝없는 성찰과 인내로 그것을 이겨내기는 했지만 참으로 비인간적 시간이었다고 하지 않을 수 없다.

2022년 한 해 동안 "한국 페미니스트 신학자의 유교 읽기–신학(神學)에서 신학(信學)으로"를 〈주간기독교〉 저널에 연재한 것은 바로 이와 같은 유교와 기독교라는 두 그룹 사이의 길항(拮抗)을 조금이나

마 덜어내고, 어떻게 하면 서로 협력하는 관계가 되도록 할 수 있을까를 염두에 둔 것이었다. 그 일을 위해서 한국 페미니스트 신학자로서 필자가 이해하고 있는 유교의 도를 밝히고자 했고, 특히 '생명·역사적인 관점'에서, 즉 세상의 만물은 끝없는 '되어감'(易) 속에서 이루어지는 것이지 한순간 완결된 실체로 고정된 것이 아니라는 안목에서 그렇게 유교(儒敎) 또는 유학(儒學)도 살아있는 생명체로서 살피고자 했다. 그의 역사적(史的) 전개 과정에 대한 관심인 것이다.

3.

이 일에서 필자는 몇 가지 강조점을 더 염두에 두고 있었다. 먼저는 이미 연재 제목이 말해주듯이 보통 우리가 알고 있는 일반적 유교, 혹은 '중국식' 유교와는 다른 '한국적' 유교는 무엇일까 하는 끊임없는 질문이었다. 오늘까지도 보통 유교라고 하면 온통 중국에서 온 외래 사상이라고 생각하는데, 필자는 이번 글로써 그러한 의식에 조금이나마 틈을 내고 싶었다. 유교의 기원이나 연원에 대해서 특히 상고대 한민족(동이족)의 삶과 관련해서 그들의 역할과 기여에 대해서 말할 수 있기를 바랐고, 고려 이후 조선의 유교가 어떻게 조선적으로 고유하게 전개되었는지 주목하고자 했다. 또한, 앞에서도 언급했지만, 한국 유교 사유가 전개되면서 서구 기독교 문명의 자식인 마르크시즘까지 받아들이면서도 젠더 문제에서는 여전히 답보적인 것을 보고, 어떻게 하면 한국 유교가 같은 서구 문명의 자식인 현대 페미니즘을 더욱더 적극적으로 끌어안아서 달라질 수 있을까를 고심했다. 사실 온 우주와 존재 의미의 궁극을 '리'(理)라고 하는 지극히 탈성별적이고, 보편성의 언어로 밝히는 유교이고 보면, 이미 그 안에 최선의 페미니스트가 될 자질을 충실히 갖추고 있다고 할 수 있다. 그래서 여기서 18세기 조선에서의 여성 선비 임윤지당과 강정일당을 다룬 것만이 아니라, 전체 글을 통해서 끊임없이 페미니스트 관점을 가져오고자 했다.

이미 19세기 초 슐라이에르마허는 이제 인류는 중보자 없는 종교의 시대로 들어설 것이라고 예측했다. 이것은 궁극과의 관계에서 모두는 각자 나름으로 궁극과 직접 소통하는 시대가 되어 간다는 것인데, 물론 이는 더 다양한 신(神)의 형상, 더 개별적인 초월 이해가 각축하는 현실이 될지 모르는 우려도 낳을 수 있다. 하지만, 한편으로는 그렇게 각자가 나름의 이지(理智)와 생각하는 힘으로 스스로 초월과 관계하는 것이 가능해짐으로써 지금까지 각 지역과 문명의 궁극 이해가 어쩔 수 없이 매여 있던 개별 현실과 현상에의 종속에서 벗어날 수 있다는 것을 예견하게 한다. 이것은 우리가 그러한 보편적인 근거에 기반해서 더욱 하나가 될 수 있는 것을 말하는데, 여기서 지금까지 종교적 초월 이해의 전형으로 생각해 왔던 서구 신인(神人)

동형적 인격신적 이해도 하나의 한정된 현상에 종속된 개별 의식이었다는 것을 의심할 필요가 없다. 나는 오늘날 그러한 서구적 인격신적 이해보다도 조선 땅에서 리(理)나 기(氣), 중(中)이나 역(易) 등의 언어로 표현되는 신유교 성리학적 초월 이해가 훨씬 더 지금까지의 개별 의식을 넘는 데 유리하다고 보았다.

4.

이러한 인류 보편적 궁극 이해와 '보편 종교'(a common religion)에 대한 이상을 가지고 유교의 기원부터 시작해서 그것이 한 종교로 이해된다는 것이 어떤 의미를 지니는지, 역사적 공자와 맹자의 가르침, 그리고 퇴계와 율곡으로부터 본격적으로 전개되는 조선 유교역사의 맥을 살폈다. 이미 다른 학자들에 의해서도 조선의 유교화, 또는 문명화 과정 등이 이야기되었지만, 필자는 그 과정을 우리 삶의 온전한 의례화와 예화(禮化) 과정 등으로 보면서, 좁은 기독교적 언어로 말해 보면, '신의 영역'(le milieu divin)의 확장과 '거룩(聖)의 평범성'이 확장되는 과정으로 보고자 했다. 그런 맥락에서 퇴계에 대한 이해도 양명과의 관계에서 새롭게 살폈고, 하곡 정제두를 선별했으며, 임윤지당이나 강정일당 등 여성 선비의 등장을 중요하게 의미화했다. 또한, 조선 호락논쟁의 등장을, 오늘 21세기 신유물론적 관점에서 사물의 주체성이 크게 주목받는 시대에 이미 조선 유학사에서 나름으로 선취된 정황으로 살폈다.

앞에서 말한 대로 이번 탐색의 주안점은 조선 유교와 서구 기독교의 만남에 있었다. 그 만남을 가능하게 열어준 성호 이익이나 그 이후의 두 갈래 길인 친서파(親西派)와 공서파(攻西派)의 서학과 천학(天學)에 대한 천착이 필자에게 보배로 다가왔다. 주지하다시피 이어지는 19세기 후반에 와서 조선의 유교는 서구 기독교와 더욱 긴밀히 만나는데, 그를 통해서 자신의 궁극 이해와 세계관, 물질관 등을 더욱 근본에서부터 돌아보는 일이 일어났고, 이때 여러 가지 모습으로 등장하는 인류 문명 전환에 관한 예지가들은 '후천개벽' 또는 '다시개벽' 등을 말하면서 점점 더 자기 상실 속에 빠져드는 조선과 그 유교적 전승에 대해서 성찰했다. 동학의 수운 최제우나 대종교의 홍암 나철, 해학 이기 등, 보통 한국 유학사나 사상사에서 쉽게 만나지 못하는 이 시절 개벽과 개혁의 사상가들을 살피면서, 진암 이병헌 등이 어떻게 유교 자체 내에서도 유교를 종교화하려는지 보았다.

5.

1부 마지막 글은 20세기 들어서 한국 기독교를 가톨릭과 개신교(프로테스탄트)로 나눌 때 유교와 개신교가 만나서 이룬 열매들을 간략하게 집약해서 살핀 것이다. 사실 이때 유교는 보통 사람들의 관심에서는 더욱 빠른 속도로 잊혀 가고 있었다. 그러나 나는 이때 한국 개신교 최초의 신학자라 할 수 있는 탁사 최병헌은 말할 것도 없고, 우리가 익히 아는 개혁주의자 김교신이나 유영모, 함석헌 등도 모두 그들 사유가 조선 신유교의 성리학적 토대에서 이루어진 것이므로 그들의 기독교적 삶과 사유가 바로 유교와 기독교의 대화이고, 그를 통해서 동북아시아 유교가 또 다른 새지평으로 확장되어 갔다고 해석했다. 개신교 신학자 박순경과 이신(李信)을 마지막으로 보았는데, 박순경은 여성 통일 담론가로서 자기 신학의 한 중요한 근거를 멀리 한민족 고(古) 역사서 『환단고기』로부터 가져왔고, 이신은 한국 개신교의 개혁을 지금까지 어떤 사상가가 제안했던 것보다 근본적이고 보편적으로 '한국 그리스도의 교회'로 거듭나는 일로 주장했다.

나는 이러한 모든 탐색을 통해서 이제 한국 유교사를 말할 때 더는 거기서 한국 기독교와의 만남을 제외해서는 안 된다고 주장하고자 한다. 그동안 서구 기독교가 한국 땅에 들어와서 하나의 토착적 사유로 거듭나서 이루어낸 결과들을 과거 불교나 중국 유교가 들어와서 이루어낸 결과들처럼 한국 유교사 또는 사상사의 고유한 열매들과 함께 다루어야 한다는 뜻이다. 물론 그 만남의 시간으로 치면 기독교와의 경우는 아직 앞의 경우들보다 훨씬 짧지만, 인류 근대나 현대가 이전 고대나 중세와 비교해서 물리적으로는 길지 않아도 그 의미가 작지 않고, 오히려 더 중첩적이고 핵심적이라 할 수 있는 것처럼 한국 기독교와의 시간도 그렇게 볼 수 있다고 생각한다. 나는 한국 땅에서 기독교가 유교와의 창조적 만남을 통해서 이루어낸 열매는 인류 문명사의 다른 어떤 경우보다 포괄적으로 동서 인류 문명이 통섭되고 통합한 경우라고 할 수 있으므로, 그러한 문명사적 엑기스로부터 인류 미래의 보편 종교의 탄생을 기대해 볼 수 있다는 생각을 하고 있다.

2부 '한국 종교문화사 전개와 현대 페미니즘'은 그러한 생각들 속의 필자가 특히 한국 여성들의 종교적 체험에 집중해서 그 종교의식의 전개를 살핀 것이다. 2천년대 초반의 글이지만, 지금도 거기서 밝힌 인류 제 종교에 대한 이해와 그것을 중첩적으로 겪은 한국 여성들의 삶과 의식에 대한 종교문화사적 해석이 유효하다고 보았고, 그를 통해 인류 종교의식의 전개를 나름의 구조와 틀로써 선명하게 보여준다고 생각해서 다시 가져왔다. 한국 여성들이 고대 샤머니즘적 토대에서 고려의 불교와 만나고, 이후 조선 유교 사회에서 삶의 온 영역을 예화하고, 리추얼화 하려는 유교적 기도(企圖)와 조우하면서 맞이하는 전환을 중점적으로 돌아보았다. 이어서 19세기 서구 기독교와 만나고, 또다시 20세기 후반 그 기독교 문명의 딸인 현대 페미니즘을 받아들이면서는 어떤 변혁과 새로움을 겪는지, 그 의미와, 그러나 거기서의 사각지대를 살피면서 그로부터의 새길을 탐색했다.

6.

이제 서문의 마지막으로 이 연재가 의미 없지 않았다는 것을 말하기 위해서라도 21세기 지금은 유교와 기독교 문명의 관계가 어떠한지를 물어야 할 것 같다. 보통 말하듯이 오늘 한국 사회에서 유교도는 거의 사멸했거나 의미 없어진 것이 아닐까 하는 질문이 비등하기 때문이다. 여기서 다시 우리 삶과 시공을 이해하는데 있어서 생명 역사적인 관점을 상기시키고자 한다. 그것은 현재 21세기 우리 삶도 계속해서 전환과 변화를 겪고 있다는 것을 말하며, 어떻게 유교도가 그 가운데서도 여전히 한 기초적이면서도 보편적인 토대로서 역할하고 있는지를 밝혀 보려는 것이다.

그것을 오늘 한국 사회에서 사회적으로 주목받는 몇몇 활동가의 경우를 통해서 살피고자 하는데, 비록 그 이야기의 주인공들이 자신들 일과 사유에서 유교 전통을 잘 의식하지 못하고 있다 하더라도, 나는 그들의 예가 한국인의 삶에서 오늘도 놀랍도록 새로운 모습으로 지속되고 있는 유교도의 증거라고 생각하기 때문이다. 첫 번째 예시로서 얼마 전에 우연히 만난 "공간 크리에이터" 이지영 씨 이야기가 있다. 뜻밖에 한 매체를 통해서 접하게 된 그녀 일의 화두는 다시 '집'이었다. 그녀는 오늘 사람들이 집을 얻기 위해서 큰 노력을 들이고 고생하지만, 막상 얻고 나서는 그 공간을 잘 "정리"하지 못하고, 온갖 물건으로 무질서하게 채워 넣고, 그것에 치여서 혼돈과 좌절 속에서 지내는 것에 주목했다. 그래서 원래 유치원 교사였던 그녀가 어려서부터 가장 잘해왔고, 주변으로부터 인정받던 '정리'하는 일을 자신의 새로운 직업으로 삼아서 스스로 "공간 크리에이터"로 이름 지으며 2018년부터 6천여 집을 정리하고 정돈하는 일을 도왔다고 한다. 그녀는 집과 거기서의 안정을 누구나 그 형편이나 경제적 조건에 좌우됨이 없이 모두가 삶의 기본으로 누려야 하는 것으로 강조한다. 그래서 큰 열정과 신념, 인간에 대한 사랑으로 그 일이 우리 공동체에서 가능해지도록 혼신의 노력을 기울인다.

　나는 그러한 그녀 일이 조선 유교가 강조해왔던 우리 일상과 세계를 예화하고 리추얼화 하는 일에서 '시간'을 넘어 '공간'에 집중하는 일이고, 그곳을 한 '거룩'(聖)의 공간으로 삼아 사람들을 편안하게 하려는 일과 다르지 않다고 본다. 우리 시대 다양한 사람들의 무수한 집에서 잃어버린 공간을 다시 찾아주고, 그래서 거기서 사람들이 새롭게 삶을 시작하도록 용기를 주는 그녀는 고백하기를, 결국 문제는 물건이 아니라 사람이라는 것, 그리고 그 사람의 마음이 관건이고, 그와 같은 혼돈과 무질서의 이유에는 거기 사는 사람들의 사연과 스토리가 있다는 것이다.

　그녀는 경제적으로 어려운 사람에게도 그와 같은 정리와 정돈의 기회가 공평하게 나누어지도록 국가가 나서야 한다고 주장한다. 오늘날 한국 지자체 정부가 마을 가꾸기, 골목 가꾸기 운동 등을 많이

하지만, 진정 그 마을과 골목에 사는 사람들이 행복해지는 길은 방문객들을 위한 외부 치장이 아니라 사는 사람들의 집안부터 치워지고 정돈되는 일에 있다고 강술한다. 나는 이러한 제안에 유교적 소의식이 작동하는 것을 보고, 그녀의 관심과 집중에서 한국 유교의 오랜 살림 영성과 생명 창조의 영성이 짙게 배어 나오는 것을 본다. 그것은 좁은 의미의 서구 페미니스트 주체성의 강조만이 아니라 진정 "정리는 배려다"라는 말을 통해서 참된 자기 존중으로 스스로를 돌보면서도 가족과 이웃의 공간을 돌보고, 거기서 물건도 새롭게 정돈(리추얼화)하고 비우고, 꼭 있어야 하는 자리에 둠으로써 그 물건이 한 거룩한 물건, 생동하는 사물이 되게 하는 참 유교적 페미니스트의 일이라고 생각했다. 그래서 그녀의 존재와 일은 오늘도 한국인의 삶에서 유교도가 살아 있다는 생생한 증거라고 여긴다.

7.

두 번째로 들고자 하는 예는 한국 제1호 기록학자라고 하는 전 명지대 김익한 교수 이야기이다. 요사이 『거인의 노트』라는 책과 강의로 주목받고 있는 그는 원래 역사학을 전공했고, 기록학을 특화해서 대한민국의 기록을 책임지는 한국국가기록연구원 원장이기도 하다. 그런 그가 요즘 조금 일찍 대학을 나와서 일반인들에게 기록을 습관화할 수 있는 배움의 장을 마련해서 기록과 사유의 일을 보편화시키는 데 힘을 쏟고 있다. 기록학자로서 한 시대와 국가의 시간을 기록하는 일뿐 아니라, 그것을 넘어서 각 사람 시민의 삶과 일이 기록되고 기억되어 의미가 반추될 때, 그들 삶뿐 아니라 우리 공동체가 어떻게 달라질 수 있는지를 알기 때문이다. 즉 그는 우리 시대 평범한 사람들이 기록하는 습관을 체득하고 스스로 생각하고 사유하는 사람으로 거듭나서 나름의 가치를 창출하는 "거인"(巨人), 유교적인 언어로 하면 '성인'(聖人)이 되도록 하려는 것이다.(滿街聖人) 나는 이것이 바로 오래전부터 유교 정신이 강조해 온 배움(學)과 사유(思)와 전승을 귀한 일로 여겨온 것의 재탄생이라고 본다. 예전 소수의 남성 선비들만이 하던 일을 이제 누구나가 할 수 있도록 하는 것이다. 그는 그러한 습관을 위해서 '기록하라, 반복하라, 지속하라'의 세 항목을 강조하는데, 유교적 공부 방식으로 하면 '습지지사'(習之之事)와 '사지지사'(思之之事)를 '지속'(誠)하라는 강조이겠다. 이것을 한국 유교 전통이 오늘도 계속되는 것이라 말하지 않을 이유가 없다.

다음으로 들고자 하는 예는 올해 설 무렵 한국 언론매체와 사람들에게 크게 주목받은 『줬으면 그만이지』의 주인공 김주완 어른 이야기이다. 이미 필자도 여러 경우에 오늘의 한 평범한 직업인으로서 그의 일생 지속한 선행과 결코 드러나려 하지 않으면서 사회 곳곳의 구석진 곳을 살펴 온 그의 삶이 결코 쉽게 범접할 수 없는 경지임을 말했다. 그는 우리 시대 권위와 어른 됨이 한없이 조롱받고 있는 현실에서 한 변방 언론인에 의해서 대안의 권위로 발굴되었는데, 그의 선행과 철저한 자기 비움의 삶이 많은 사람에게 충격으로 다가왔다. 특히 1923년 일제 강점기 진주지역에서 백정들의 인권과 신분 해방을 위해서 우리나라 최초의 인권운동으로 일어난 '형평사 운동'을, 그는 우리 시대 또 다른 모양의 차별과 인권침해에 대한 제2의 형평 운동으로 삼고자 했다. 그의 지극히 검소하고 겸손하게 일상과 구별되지 않는 조용한 모습으로, "사박사박" 세상의 공평과 정의를 위해서 살펴온 모습이 큰 감동으로 다가왔다. 나는 그런 그의 일생 지속된 선한 삶과 방식이 참으로 비종교적이면서도 깊이 있게 유교적 공(公)의 영성을 보여준 것이라 생각한다. 유교적 '보편 종교'(a common religion)를 실행하는 모습이고, 그로부터 오늘 다른 기성 개별 종교가 배워야 할 점이 많다고 본다.

8.

이제 마지막으로 한 예를 더 들어보면, 앞의 김익한 교수도 그의 기록습관 기르기 수업에서 예로 들었던 책 『회복탄력성』의 저자 김주환 교수가 펼치는 자기조절능력 신장 운동이다. 그 안에 많은 유교적 지혜가 들어 있다고 본다. 중보자가 필요없는 종교의 시대를 맞이하는 오늘 사람들에게 제일 긴요한 것은 자기조절능력이다. 김주환 교수는 그가 '커뮤니케이션', 즉 '소통'을 연구하는 학자로서 그

의미를 보통 우리나라 대학의 학과 이름에서 보듯이 좁은 뜻의 방송학 등으로 한정하지 않고, 그보다는 우리 존재와 생명의 핵심을 가장 포괄적이고 보편적으로 드러내는 의미로 해석해서, 사람들에게 그러한 능력, 즉 소통능력으로서의 생명력과 창조력, 친밀성, 배려심, 자기 조절의 힘을 길러주고자 한다. 그는 그 일을 위해서 소통학자로서 다양한 학문의 영역을 넘나들면서 큰 경계 없이 인류 동서의 종교 전통이나 철학의 지혜도 함께 가져와서 그것들을 통섭하고 같이 엮어서 하나의 보편적인 지혜와 진리로 제안한다. 그러면서 우리 시대 보통 사람들에게 또 다른 권위로 다가오는데, 나는 이것이 오늘 인간 보편적 선험성(理)에 대한 믿음을 가지고, 그것이 스스로 생각하고, 조절하고, 소통하며 사랑할 수 있는 능력(仁)으로 발휘될 수 있도록, 다르게 사는 방법을 알려주려는 높은 학덕의 선행이라고 생각한다. 퇴계 선생도 강조한 오랜 유교적 천지생물지심(天地生物之心/理)의 예지와 따뜻한 마음이 발휘된 것이라고 여긴다. 이런 관찰과 인식에서 나는 이번 책의 제목을 '밭에 감춰진 보화 같은 유교'라는 말로도 생각했고, 이 한국적 생물지심이 이제 인간을 넘어서 사물도 포괄하고, 가상 세계까지도 포괄해서 지금 큰 위기 가운데 빠져있는 지구 문명을 위해서 대안의 길을 찾는 데 좋은 시사가 되기를 소망한다. 집의 회복, 한국이라는 우리 고향의 안녕, 온 지구 생명체의 생명적 터를 치유하기 위한 일이고, 그 일은 우리 각자 삶의 자리가

정돈되고, 거기서 우리 실천과 행위의 의미가 잘 반추되고 기억되는
세계, 그로부터 온 인류 공동체를 위한 새로운 미래를 기대해 볼 수
있다고 믿는다.

9.

이런 여러 생각 속에서 1년간의 글쓰기를 마쳤다. 혼자만의 노력
으로 가능한 일이 아니었다. 주변의 도움과 격려 덕분인데 진정 천
은감사(天恩感謝)이다. 〈주간기독교〉 이연경 기자의 너그러움은 항
상 내가 믿는 구석이었고, 그래서 부담을 많이 덜 수 있었다. 그 배려
와 수고에 감사드린다. 원래 이 연재의 주된 독자는 한국 기독교 신
앙인들이었는데 본인이 함께 하는 안동 도산서원의 〈참공부〉 모임
선생님들이 많이 읽어주셨다. 매번 글이 나올 때마다 김병일 원장
님은 따뜻한 격려의 말씀과 함께 공부 모임의 카톡방에 전해주셨고,
권갑현 교수님은 지체없이 올려주셨다. 유교 공부에 있어서 한참 모
자라는 후학의 글을 우리나라 최고의 유학자 고수 선생님들이 읽어
주셨고, 많은 유익한 멘트를 주셨다. 또 그곳 유일한 여성 파트너 황
상희 선생의 맑고 밝은 멘트는 항상 힘이 되었다. 이 모든 덕분에 큰
과오 없이 마무리할 수 있었고, 그에 심심한 감사를 드린다.

한국 페미니스트들에게 어떻게든 다가가서 유교에 드리워진 짙은
혐오와 무지이기도 한 무관심을 조금이나마 걷어낼 수 있기를 바라

며 쓰는 동안 여러 대화방에 날랐다. 그럴 때마다 관심을 표해주시고 함께 읽어주신 여러 모임의 페미니스트 선배, 동료, 후배들께 감사의 마음을 전한다. 또 진보적 기독교 대안 모임인 길동무 선생님들과도 함께 나누었으며, 제자들 모임인 〈보인회〉도 같이 했다. 무엇보다도 〈한국信연구소〉 선생님들의 성원이 있었고, 2016년 해천 윤성범 선생님 탄생 100주년을 기해서 모인 〈해천우회〉에서도 때때로 같이 읽었다. 많은 분에게는 유교 이야기가 생소할 수도 있었겠지만, 정성껏 읽어주셨고, 따뜻한 말씀과 함께 공유해 주셨다. 저널에 실린 글을 페이스북에 올리고 나면 남편 이정배 교수는 그것을 열심히 날라주었다. 그도 같은 시기에 연재 글을 쓰고 있었지만, 사실 내가 그의 글을 공유한 것보다 남편은 항상 더욱 열심이었다. 이렇게 연재 글을 쓰는 동안 우리에게는 또 다른 손주 아서(雅恕)가 태어났다. 코로나 상황이었고, 항상 바쁜 할머니, 할아버지여서 자주 보기도 어려웠지만, 이런 가족적 기쁨과 응원이 항상 큰 힘이 되었다. 두 며느리와 아들에게도 부지런히 전달하고자 했지만, 부담만 주었는지 모르겠다. 다시 한번 천은감사와 돌아가신 부모님들, 스승님들을 생각하고 여기에 미처 들지 못한 모든 인연께 감사를 드립니다.

이제 한국인들에게 또 하나의 새 전통이 되어 가는 기독교 신앙이 자기 삶의 더 오랜 토대인 유교 영성과 다시 새롭게 만나면서 이루어낼 놀라운 열매들을 상상하며 서언을 마무리하고자 한다. 맨 처음 2009년 『잃어버린 초월을 찾아서-한국 유교의 종교적 성찰과 여성주의』를 시작으로 〈도서출판 모시는사람들〉의 박길수 대표님과 소경희 편집장님은 큰마음과 정성, 한없는 수고로 지금까지 필자의 책을 여러 권 내주셨다. 이번에도 역시 마찬가지로 오래 기다려주셨고, 박길수 대표님은 저자가 출판인에게 기대하기 어려운 큰 정성으로 책 전체를 꼼꼼히 읽고 다듬어주셨다. 두 분과 출판사 편집부의 수고하신 선생님들! 감사 또 감사합니다.

2023년 6월 24일
한국信연구소
이은선 모심

1부 | 한국 유교사의 맥과 인류 종교의 미래

한국 페미니스트 신학자의 유교 읽기

2부 | 한국 종교문화사 전개와 현대 페미니즘

1부

한국 유교사의 맥과
인류 종교의 미래

1.
밭에 감춰진 보화 같은 유교의 도(道)

　도산서원 선비문화수련원은 '한국 정신문화의 수도'를 표방하는 경북 안동시에 있는 유교 선비정신 수련장이다. 동방의 스승 퇴계 이황 선생(退溪 李滉, 1502~1571)을 기리고 그 정신을 널리 퍼뜨리고자 2001년 개원하였다. 2021년 11월 그곳에서 일종의 가톨릭 피정 시간으로 유교 선비 수련을 체험한 대구 성당의 한 교인은 그 소감을 '황금을 주운 것 같다'는 표현으로 토로했다고 한다. 왜 그 천주교인이 유교 선비정신과의 만남을 그와 같이 표현했을까?

　사실 필자도 오래전 유럽에서 유학을 하면서 유사한 경험을 했다. 당시 기독교 문명의 중심인 유럽에서 기독교 신학을 공부할 때, 박사학위 논문 주제로 유교와 기독교의 대화라는 큰 틀 안에서 16세기 중국 명나라의 신유교(新儒敎) 학자 왕양명(王陽明, 1472-1529)을 만나면서 한 경험이다. 그때 지도교수인 바젤 대학의 프리츠 부리(Prof. Fritz Buri, 1907~1995) 교수는 나에게 가톨릭 수녀 출신 중국 여성종교학자 쥴리아 칭의 저서 『지혜를 찾아서–왕양명의 길』(To Acquire Wisdom, The Way of Wang Yang-ming)을 건네주셨다.(쥴리아 칭, 1998) 그 책을 읽으면서 나는 정말 신약성서 마태복음 13장 이야기의 주인공처럼, 밭에 보화가 감춰진 것을 발견하고 돌아가서 모든 재산을 팔아 그 밭을 산 사람처럼 동아시아 신유교의 가르침을 큰 기쁨과 행운으로 맞이했다.

당시 서유럽에서 한국인으로서 기독교 신학을 공부하면서 민족적 자존감이 크게 흔들리는 것을 경험했다. 또한, 동아시아 출신의 학문하는 사람으로서 학문적 사유 토대와 정체가 약한 것을 느끼면서 고심하고 있었다. 그때 왕양명이라는 한 강력한 유학적 인격을 만났고, 그는 당시 내 고민과 고심을 풀기 위해 나아가는 길을 비추는 환한 등불 같았다. 양명은 서구 기독교사에서의 마틴 루터(Martin Luther, 1483~1546)와 견주어질 정도로 동아시아 사상사에서 전복적인 사상가로 평가받는다. 그때까지 필자가 서구 기독교 초월신 신앙에서만 가능하다고 여겼던 큰 인격적 깨달음과 삶의 전회가, 기독교 유일신 하나님과는 다른 모습과 방식으로 그려지는 유교 기반의 내재적 초월(天/理) 체험(心卽理) 안에서 유사하게 이루어지는 것을 본 것이다. 또한, 이후 양명 삶의 행보가 어떤 기독교 신앙인의 그것보다 덜하지 않은 것도 보았다. 물론 필자의 유교 이해가 유학 생활을 마치고 한국에 돌아와서 한국 유교에 대해서 더 공부하고, 특히 그 때부터 본격적으로 여성 생활인과 직업인으로 살아가면서 삶의 또 다른 차원을 만나며 다시 변하기는 했다. 그래도 그 첫 만남의 충격은 여전히 생생히 살아 있다.

오늘 21세기 초 인류가 코로나19 팬데믹이라는 복병을 만나기 전까지 전 지구가 서구 기독교 문명의 세례를 받았지만, 그러나 지금 심각한 한계가 드러나면서 인류는 다른 길을 탐색하며 그 '이후'(以後, postmodern)를 찾고 있다. 나는 그 길 위에서 동방의 유교와 그 핵심 정신으로 나타나는 참된 인간정신의 선비 사유가 결정적 역할을 할 것을 의심치 않는다. '한국 페미니스트 신학자의 유교 읽기─신학(神學)에서 신학(信學)으로'라는 제목으로 써내려 가고자 하는 이 글은 이런 생각을 좀 더 구체적으로 풀어내고 변증해 가는 과정일 것이다. 내가 여전히 유교 공부에서 일천함을 벗어났다고 할 수 없지만, 그 안에 보화가 담겨 있다는 것을 엿보았기 때문에 용기를 낸 시도라고 할 수 있다.

오늘 유아독존적이고 자기 우월에 빠져 있는 한국 교회나 서구 가치 중심의 인류 문명이 타자의 소리를 듣는 일은 긴요하다. 아니 어쩌면 오랫동안 타자라고 생각했지만, 유교 도(道)는 특히 한국 기독교 신앙인에게는 더 오래된 자기 토대로서, 이미 만남이 있었고 그 안에서 살아왔지만, 지금까지 유교적 토대의 의미와 진실을 잘 알아채지 못해서 저버렸고 억눌렀고 무시했던 자신이었는지도 모른다.

한국 개신교 역사에서 끊임없이 다른 것과의 대화를 통해 자신을 새롭게 하는 일에서 뛰어났던 함석헌 선생은 지금 인류가 가장 원하고 필요로 하는 것은 "새 종교"라고 갈파했다. 그런데 그의 『뜻으로 본 한국역사』는 한국 유교 전통에 대해서 그렇게 호의적이지 않았다. 그는 기독교가 불교, 유교를 일깨워서 다시 생기를 주어야 한다고 말했다. 하지만 한편으로 예로부터 우리나라의 산 힘은 늘 '선비'(士)에게 있었다고 하면서 자신이 매우 중시하는 '뜻'(志)이란 바로 '선비'(士)의 '마음'(心)을 말하는 것이라고 했다. 그리고 그 '선비'(士)란 '열'(十)에서 '하나'(一)를 보고, '하나'(一)에서 다시 '열'(十)을 보는 뛰어난 통찰과 통섭, 통일의 마음을 지닌 사람이라고 지적했다.(함석헌, 1986, 제Ⅱ판, 354쪽) 그는 "유교야말로 현실에 잘 이용된 종교다"라고 했고, 앞으로 지구 인류의 삶이 크게 민족, 소유권, 가정이라는 "인류 사회의 캠프를 버텨 오던 세 기둥"에 대한 이해에 따라 좌우될 것이라고 했다.(함석헌, 「5.16을 어떻게 볼 것인가」, 2011, 622쪽) 즉 오늘 20세기 이후 인류의 삶이 이 세 기둥에 따라 크게 흔들리면서 어떻게 거기에 대한 관점을 새롭게 정립하는가에 따라서 큰 차이가 날 것임을 말한 것이다.

이 책에서 앞으로 보게 될 유교와 기독교와의 대화도 주로 이와 유사한 물음들의 답을 찾아가는 일이 될 것이다. 예를 들어 우리의 유교 이해에서도 먼저 그 유교 문명의 발단이나 전개 역사 등을 살필 때, 한국 유교를 단순히 중국 유교의 피동적인 수용자나 수혜자로만 보는 것은 지양될 것이다. 그래서 지금까지는 잘 언술되지 않았지만, 한국 유교의 주체적이고 능동적인 역할과 기원에 대한 탐색, 그 전개에서의 고유한 특성 등을 언급할 것이고, 이러한 일을 통해서 지금 인류 문명의 미래를 위해서 중요한 관건이 되는 '민족'이나 '국가'의 경계 물음에 어떤 대답을 할 수 있는지 물을 것이다.

　다음으로, '소유권'과 관련한 탐구는 오늘 인류 문명이 온통 빠져 있는 지독한 유물주의와 경제 제일주의, 그로부터 유래하는 자아의 무한 팽창과 번영에 대한 욕망을 어떻게 제어할 수 있을 것인가 하는 물음과 관계된다. 이것은 우리 궁극의 가치와 그에 다다르고자 하는 길을 무엇으로, 어떻게 보느냐와 긴밀히 연결될 것인데, 오늘 한국 사회와 교회의 탐욕과 물질주의에 대해서 우리의 오래된 미래로서의 유교는 무슨 말을 할 수 있을지 살피고자 한다. 마지막, '가정'이나 '가족'에 대한 물음과 관련해서는 지금 우리 모두에게 시급한 실존적 물음이 된 성(性)과 몸, 가족적 삶과 돌봄, 보살핌이나 탄생과 떠나감, 집 등에 관한 물음을 탐색할 것이다. 이 물음과 관련해서는 오히려 유교에 대하여 현대 서구 페미니즘으로부터 비판이 제기되고 달라짐이 요청될 터인데, 이에 대해서 유교 도(道)는 무엇을 말할 수 있는지, 어떻게 그 높은 파도에 응전할 것인지, 그러나 단지 일방적으로 듣기만 하는 것이 아니라 오늘 고립과 외로움을 세기의 특징으로 규정하는 서구 페미니스트들에게 유교 도가 무엇을 말해 줄 것인지 등을 살피고자 한다. 여기서도 지구 동서문명의 둘의 대화가 결코 일방적이지 않다는 것이 드러날 것이다.

21세기 인류의 삶은 이제 더는 어떤 초자연적인 신(神)의 이름이나 초월 이야기가 좌우할 수 없는, 급진적인 탈종교화의 시간으로 들어섰다. 그러나 한편으로 우리 삶에서의 모든 초월적 차원의 탈각은 또 다른 심각한 문제를 일으킨다는 것도 함께 경험하고 있다. 그래서 우리는 '가장 적게 종교적이면서도 참으로 풍성하게 영적인' 초월을 찾아 나서고자 한다. 거기서 유교 도(道)가 줄기차게 여기 지금의 지극한 일상과 평범, 정치나 교육과 같은 구체적인 세간(世間)의 삶에서 초월과 궁극을 찾는 '하학이상달'(下學而上達)이나 '극고명이도중용'(極高明而道中庸)을 말하는 것이 시선을 끈다. 그래서 이러한 모든 정황을 더는 어떤 초월적 신에 관한 이야기(神學)가 아니라 여기 지금 우리의 진정한 눈뜸과 새로운 인식(信學)이 가장 긴요한 관건이라는 의미를 담아서 이번 성찰의 부제를 '신학(神學)에서 신학(信學)으로'로 했다.

2.
동아시아 문명화 과정과 유교

    오늘날 지구상 대부분 사람은 함께 세계 공통의 역(曆)에 따라서 살아가고 있다. 그와 더불어 세계 기독인들은 공통으로 한 날을 예수 탄생의 성탄절로 보낸다. 그런데 2020년 1월부터 본격화된 코로나19 팬데믹 때문이기도 하지만, 그 사이 성탄절을 보내는 예식(ritual)이 매우 간소해진 것 같다. 예식이 간소해졌다는 것은 사람들이 예전처럼 많이 모이지 않는다는 것이고, 직접 관계를 맺는 일이 드물어졌다는 것이다. 대신에 홀로인 경우가 많아지면서 더는 리추얼이 필요하지 않게 되었다는 것이다. 그렇게 리추얼과 명절, 또는 축제가 없어진다는 것은 그 리추얼을 마무리하고 '다시 시작하는', '새로 시작하는' 일도 드물어진다는 뜻도 된다. 예를 들어 서구 기독교사에서 어거스틴이 하나님이 인간을 창조한 이유가 '새로 시작하는 일을 위해서였다'(Initium ut esset homo creatus est)라고 했다면, 우리가 리추얼을 소홀히 하고 마침내는 그것을 그만둔다고 하는 것은 바로 새로 시작하는 일을 그만둔다는 것이고, 그것은 곧 인간다운 인간으로 살아가는 일을 포기하는 것이 된다. 그리고 그 인간이기를 포기하는 일은 서로 모이고 연결하고 함께 관계 맺는 일을 그만두는 일에서부터 비롯되는 것임을 말해준다.

오늘과 같은 모습으로 서구 공동체 삶의 양식을 이루는데 헬레니즘과 헤브라이즘이 바탕이 되어 왔다면, 동아시아에서는 그와 견줄 만한 것이 무엇이 있을까? 그중의 하나로 유교(儒敎)를 드는 것에 이의가 없을 것이다. 이때 유교는 과연 무엇을 말하는 것인가? 이 물음에 가장 생생하게 답할 수 있는 말이 '문명화 과정'(the civilizing process)이라고 생각한다. 이 말은 독일의 역사사회학자 노버트 엘리아스(Novert Elias, 1897~1990)의 말인데, 한국에서도 1996년에 그의 책이 번역 출판되었다.(노르베르트 엘리아스, 『문명화과정 I, II』, 한길사, 1996/1999) 저자는 유럽에서 특히 중세 이래 근대 부르주아 사회까지의 유럽인들의 삶의 변화를 살피면서 그것을 일종의 '문명화 과정' 또는 '예(禮)와 리추얼의 세련화' 과정으로 파악했다. 즉 사회 변화에서 단기적인 과정이나 정태적인 개별 대상에 관한 관심보다는 좀 더 장기적인 변화와 거기서의 오랜 시간의 역사적인 경험들을 실증적으로 살펴볼 때, 포괄적인 사회 발전의 방향과 구조가 뚜렷하게 드러난다는 것이다. 그것은 종교나 경제, 국가 형태나 예술뿐 아니라 특히 일상적인 식사 예절, 오줌 누기, 코풀기, 침뱉기, 성생활 태도 등의 변화 과정을 살펴보면 점점 더 뚜렷하게 본능적인 충동을 조절하고, 인간 삶의 일상적 관계에서 동물적 측면이 억압되며, 잔인성과 폭력성, 더럽고 불결한 것에 대한 수치와 당혹감이 확장되어 가는 과정이 보인다는 의미이다. 또한, 이 '예절'이라는 말이 점점 더 '인간애'(humanity)라는 말과 동일시되어 갔다고 지적한다.

이러한 설명을 들으면 유교야말로 동아시아에서 문명화, 예절화, 인간화 과정을 추동해 온 근본 힘인 것을 알아차릴 수 있다. 왜냐하면 유교는 지치지 않고 "인자인야"(仁者人也.『중용』 20장)나 "인야자인야"(仁也者人也.『맹자』 진심下16)를 말하면서, 인간이라는 것(人)은 인간성(仁)을 지키는 일이고, 인간성(仁)이란 인간 사이에 그러한 인간애를 지키는 예절과 예의를 실천하는 일이라는 것을 말해주고 있기 때문이다. 유교는 인간이란 그러한 관계(仁)를 통해서만 인간이 될 수 있다고 보았으므로 그사이의 예절을 더욱 섬세하고 세련되게 다듬어 나가는 일을 유교 도(道)의 핵심으로 삼아 온 것이다. 처음에는 그것을 주로 남자 어른들 사이의 일로만 여겼고, 여성들의 살림살이나 그들과의 관계, 또는 어린아이들 삶에는 그다지 주목하지 않았다. 하지만 긴 안목으로 동아시아 역사를 살펴볼 때, 시간이 가면서 특히 한국인의 삶에서는 그러한 문명화와 인간화를 지향하는 유교화의 과정이 점점 심화·확대되어 간 것을 부인할 수 없다. 그런 맥락에서 네덜란드 한국학 교수 왈라번(B. Walraven)은 일찍이 유럽의 기독교 문명화 과정에서 중요한 자료가 되는 16세기 에라스무스의 책『소년들의 예절론』을 18세기 조선 후기 실학자 이덕무(李德懋, 1742~1793)의 『사소절』(士小節, 선비의 작은 예절)과 비교하였다. 그러면서 조선의 유교 문명화 과정이 유럽 기독교의 그것과 크게 다르지 않다고 지적하였는데, 곧 인간 삶의 문명화 과정이란 공동 삶을 살아가는 사람들이 그 의식과 태도 안에 자기 통제력(self-control), 시간의식(the sense of time), 식자력(literacy) 등을 습득해 가는 과정으로 이해한 것을 말한다. 조선 후기 영조 51년(1775)에 이덕무가 당시 조선의 시대 상황을 반영하면서 쓴 예절 수신서인『사소절』은 특히 그 가르침의 대상에 여성과 아동도 포함해서 크게 남자의 예절, 부녀자의 예절, 그리고 아동의 예절 세 부분으로 구성하여 각자에게 해당하는--성행(性行), 언어, 복식, 근신 등--사회생활 예절을 제시했다. 이것은 18세기 후반에 이르러서 조선의 유교화가 정치나 남성의 영역만이 아니라 생활이나 여성과 아동의 영역까지 확장되었다는 것을 말해준다.

그런데 한편 지나친 유교 예화는 현실에서 많은 부작용과 불의를 불러온 것도 사실이다. 특히 여성들에게는 더해서, 오늘날 우리가 유교에 대한 혐오를 가장 빈번히 표출하는 곳이 바로 예의와 예절, 체면의 지나친 강조, 특히 그것을 신분과 성(性)의 차별에 근거해서 주장하는 때와 경우이다. 그러나 한편 다시 생각해 보면, 오늘날 서구적 절대 평등주의가 몰고온 무한 경쟁주의, 자아 절대주의, 그리고 그것이 극한으로 치달아 무한 '능력(평등)주의'가 난무하는 상황을 보면, 어쩌면 그 본래의 의미대로 차별이 아닌 '차이'(別)와 '구별'에 근거한 유교적 관계의 예절인 예(禮)의 강조는 다시 돌아보아야 하지 않을까 생각한다. 차이에 근거한 예화와 인간화, 문명화는 어느 사람의 어떤 차이도 용납하지 않고 없애버리는 데까지 몰아가면서 유아독존적으로 홀로만의 최고의 지위와 성취를 위해서 싸우는, 그래서 급기야는 자신까지도 파괴하는 근대적 무한 경쟁주의와는 다르다. 오히려 나름의 역할 완수에 더욱 진지하게 관심을 갖도록 하며, 그래서 여전히 관계들이 살아 있을 수 있도록 한다. 예를 들어 오늘 한국 사회 페미니즘 논쟁에서 여성도 군대 가는 일을 포함해서 모두 똑같이 평등해야 한다는 주장이 나오게 된 배경에는 이렇게 어떤 차이나 현실적 차별도 용납하지 않겠다는 서구 페미니즘의 급진주의가 놓여 있는 것이 아닌가 생각한다. 그렇게 되면 이제 여성은 군대 가는 일도 포함해서 남성이 하는 모든 일을 할 수 있도록 신체적, 물리적 힘까지 취득해야 하고, 그렇게 두 성 사이에서 야기되는 갈등은 능력주의에 근거한 무한 경쟁으로 치달아서, 어떤 관계

맺음도 가능치 않게 만든다. 물론 이러한 이야기는 남성들에게도 예를 들어 출산과 육아 일과 관련해서 똑같은 것을 말할 수 있다. 거기에 더해서 오늘날은 더 이상 성의 역할과 능력이 예전처럼 본체론적으로 고정되었다고 생각하지 않기 때문에 이러한 성찰에 또 다른 차원이 첨가되어야 한다. 그럼에도 오늘날 일반적인 상황은 유교적 예가 강조하는 구별과 다원성(別)의 의미, 그에 근거한 인간관계 맺기(리추얼, 禮)의 중요성 등을 다시 돌아보게 하는 것은 부인할 수 없다.

나는 이것이 다른 말로 하면, 한국 유교가 중시해 온 '중'(中)의 의미를 되새기는 일이라고 본다. 『중용』 1장은 "중(中)이라는 것은 천하의 큰 근본이고, 화(和)라는 것은 천하의 통하는 도다"(中也者 天下之大本也, 和也者 天下之達道也)라고 했다. 그런데 여기서 '중'(中)은 그저 평면적으로 양쪽을 저울질해서 쉽게 그 중간을 취하거나, 양비(兩非)나 양시(兩是) 등의 애매한 입장을 취하는 것은 아닐 것이다. 오히려 그것은 각각의 경우와 상황의 차이에 주목하면서 그에 대한 적극적인 성찰과 숙고를 하고, 궁극적으로는 그 일에 관련된 '사람'과 '공동체'와 '관계'를 살리고 키우는 일에 집중하여 선택하라는 말일 것이다. 곧 판단하는 개인의 사적 욕심을 넘어서 공평무사한 판단과 결단을 내리는 태도와 능력을 말한다.

그래서 이어서 『중용』에서는 "중(中)과 화(和)를 지극히 하면, 천지

가 제자리를 잡고, 만물이 성장한다"(致中和 天地位焉 萬物育焉.)라고
했다. 이『중용』의 언어를 20세기 서구 정치사상가 한나 아렌트로부
터 얻은 다음과 같은 가르침과 함께 생각해 보면 좋겠다: "변화와 참
여에의 열망은 관계의 힘에서 나온다. 그 힘은 사람들이 더 이상 고
립되어 있지 않다는 것, 즉 무력하지 않으며 함께 무엇인가를 시작
할 수 있다는 것을 깨닫게 해주기 때문이다."(양창아, 2019, 296쪽). 우
리 지구 집의 문명화와 예화, 인간화를 위해서 지금까지 동과 서에
서 각각 나름의 역할을 해 온 유교와 한나 아렌트를 배출한 기독교
문명 사이에는 이렇게 내적으로 서로 연결되는 점이 많은 것을 본
다.

3.
유교 문명의 기원과 전개

　잦은 말실수로 설화를 겪곤 하는 윤석열 대통령은 대선 후보 시절 "한국 국민, 특히 청년 대부분은 중국을 싫어"하고, "중국 청년들도 대부분 한국을 싫어한다"라고 하면서, 문재인 정부의 대중국 정책이 중국에 편향되었다고 비난했다. 그에 따르면 한국 정부의 그런 '중국 편향 정책'에도 불구하고 문재인 정권 시절 국민의 반중 정서가 커졌다. 책임 정당의 대선 후보로서 그런 말을 한 것이 적절해 보이지 않았지만, 특히 사이버상에서 두 나라 젊은이들 사이의 갈등이 높은 것은 사실이다.

　그 원인은 주로 두 나라 국민의 자존감 싸움에 있는 것 같다. 한국의 처지에서 보면 오늘날 중국정부의 동북공정 등 역사 왜곡과 특히 전 세계적으로 퍼져나가는 K-문화 한류를 두고 그 문화의 기원을 모두 자기들 것이라고 주장하는 중국 젊은이들의 왜곡된 애국주의는 참으로 편협해 보인다. 그러나 그와 대비해서 한국 사람 중에서도 유교 문화를 모두 중국 것으로 여기는 사람이 많다. 특히 미국 편향의 기독교인 중에서, 유교를 한국 문화의 정신적 토대 중 하나라고 하면 '왜 그것이 우리 것이냐 중국 것이지'라는 말로 응수하는 경우를 종종 본다.

일면 맞는 말이기도 하다. 필자도 중고등학교 한국사 시간에 삼국 시대 고구려 소수림왕 2년(AD 372)에 유교 교육기관인 태학(太學)이 설립되었고, 그것이 우리 유교 문화의 시작이라고 배운 기억이 있다. 하지만 이후 그러한 도식적인 역사 이해와 문명 이해가 얼마나 한계가 많은지를 알아 갔다. 특히 인류 문명 교류사에 대한 폭넓은 이해와, 고고학적 탐구나 동아시아 상고기(上古記)에 대한 새로운 발견들은 이러한 좁은 이해를 넘어서도록 촉구한다. 예를 들어 오늘날 서구 문명의 연원으로 여겨지는 그리스·로마 문명이나 유대·기독교 문명과 관련해서 그리스나 로마(이탈리아), 또는 유대(이스라엘)가 21세기 오늘날도 여전히 각각의 민족국가로 자리하고 있지만, 그것을 받아서 이후 나름대로 자신들의 문화를 전개시킨 독일이나 프랑스, 영국이나 미국 등이 자기 나라의 문화를 그리스나 이탈리아, 이스라엘 것이라거나 그 아류로 여기지 않는다는 것이다. 오히려 나름의 고유한 꽃을 피운 것으로 보면서도 그 오래된 연원을 소중히 하며 계속 가꾸고 탐구하는데, 왜 우리는 유교 문화나 중국과의 관계에서 그렇게 하지 못하는 것일까?

이러한 인류 문화 흐름에 관한 이야기와 더불어 필자가 진정 더 나누고 싶은 이야기는 과연 유교 문명의 연원을 꼭 좁은 의미에서 오늘의 중국으로 한정할 수 있느냐 하는 것이다. 현대에 들어와서 더욱 정교해진 갑골학이나 금석학(金石學)을 통한 고자료(古資料) 연구는 중국 고대 문화를 다시 인식하게 한다. 물론 유교는 공자(B.C. 551~479) 이전부터 연원한다 하더라도 공자에 이르러서 크게 집대성되고 종합·정리된 사상임을 부인할 수 없다. 그런 공자는 가까이는 중국 주나라(周 B.C. 1121)의 주공(周公)을 이상적인 인간상으로 흠모했고, 더 멀리는 요순(堯舜)을 최고의 인격으로 여겼다. 그런데 20세기에 들어와서 주나라 이전의 은나라(殷 B.C. 1384)에 대한 고기록인 갑골문 등이 대거 발견되면서 은대가 중요한 역사 시대로 실증적 학문의 대상이 되었다. 그리고 은나라 이전의 세계의 제반 모습이 더 알려지면서 하나라(夏, B.C. 2183) 이전의 요순(B.C. 2333)시대에 관한 연구도 실증적으로 이루어지고 있다. (류승국, 2009, 19~36쪽)

일반적으로 으레 요·순·우·탕·문·무·주공·공자의 도라고 일컫는다. 그러나 점점 심화하는 고대 연구들은 동아시아 상고대의 역사 전개에서 중국 민족은 요순 이후 하·은·주 삼대를 거치면서 발달해 서방의 화하족(華夏族)으로서 자리매김해 왔고, 동방에는 하·은·주

삼대 이전부터 일찍이 발달한 비한어계(非漢語系)인 동이족(東夷族)이 있었다는 것을 밝힌다. 중국 고전에서 '동이'(東夷)는 중국 한족(漢族=華夏族)이 동방의 비(非)한족을 가리키는 호칭이다. 산동과 발해·요동·서북조선 지역을 중심으로 널리 황하 하류의 연해 지대에 걸쳐 중국의 한족에 앞서서 문화권을 이루었고, 중국 유교는 역사적으로 이 동이족과의 관계에서 형성되어 온 것에 주목해야 한다는 것이다.(류승국, 2009, 21~24쪽)

하·은·주 시대 이전 대략 B.C. 2000여 년 전후, 중국 유교가 연원으로 삼는 요순에 대해서 맹자는 "순(舜)은 … 동이 사람이다"(東夷之人也.「離婁」下)1)라고 하였다. 또한 『논어』에서 공자는 "바다 건너 구이(九夷)에 가서 살고 싶다"고 하였고, "누추한 곳에서 어떻게 살겠습니까?"라고 묻자 "군자들이 사는 곳이니 무슨 누추함이 있겠느냐?" (子欲居九夷 或曰陋 如之何 子曰 君子居之 何陋之有.「子罕」13)고 대답했다. 이러한 것들은 중국 한족의 문화와는 다른 고대 동방문화가 있었음을 시사하는 것이다. 이런 모든 탐구는 동이족이 중국 한족에 선행해서 독자적인 문화권을 이루었다는 것을 시사한다. 특히 동이족은 은(殷) 부족과 교류하였는데, B.C. 12세기 말경 서부족인 주(周)의 공략 때문에 은이 멸망하였지만, 유교 사상은 그 동이족의 동방문화와 많은 연관이 있는 은대의 종교적 성격을 띤 천명(天命)사상을 계승하였다는 이야기로 집약된다. 이후 주나라는 인본주의적 예제(禮制) 문화를 특징으로 하는 예 중심의 유교 문물제도를 전개하였다고 한다.(류승국, 2009, 23쪽)

애석하게도 오늘날까지 고대 한국사 연구의 자료도 중국 문헌 위주다. 사마천(B.C. 145~86)의 『사기』나 『한서』, 『후한서』 등에 기록된 「조선전」이나 「동이전」이 주된 자료다. 하지만 최근 여러 맥락에서 주목받고 있는 『환단고기(桓檀古記)』는 동아시아 지역의 역사를 B.C. 7000여 년까지 소급해서 언급하며 특히 우리의 고대 역사를 '환국'(B.C. 7000)–'배달국'(B.C. 4000)–'단군조선'(B.C. 2333)–'북부여'(B.C. 239)–'고구려'(B.C. 108) 등으로 이어지는 것으로 밝힌다. 그것은 앞에서 언급한 대로 요순 이전의 비(非)한족에 의한 동방 역사의 실재를 가늠하게 하는 서술로 볼 수 있다. 또한, 이후 요순시대와 하·은·주 등의 중국이 어떻게 이 고조선과 관계맺어 왔는지를 밝히는 기록들이 있다. 물론 이 『환단고기』의 위서(僞書) 논란이 모두 가신 것은 아니다. 그러나 얼마 전 오랫동안 유교 고전 사서삼경 등을 연구해 온 한 유교 철학자가 『환단고기』를 읽고 그것을 몰랐을 때 풀리지 않던 『시경』, 『서경』 등의 내용이 술술 풀리는 경험을 했다는 고백을 했다.(이기동·정창건 역해, 2019, 9쪽) 이렇게 『환단고기』는 우리의 고(古) 역사뿐 아니라 동아시아 문명의 연원과 전개를 이해하는 데서 더는 무시할 수 없다고 본다. 몽골, 즉 원(元)의 지배를 받았던 고려의 상

황과 중국 성리학으로 새 왕조를 연 조선 초기에 왕위 찬탈의 불의
를 저지른 세조가 중국으로부터 더욱 확실히 자신의 자리를 추인받
고자 많은 책을 없앴다는 이야기는 그 와중에 우리의 고(古) 역사에
대한 책이 많이 사라졌을 것을 짐작케 한다. 그러나 뜻있는 사람들
이 일부 기록을 사적으로 간직해 오다가, 조선 말기 다시 나라가 큰
위기에 처하자 『환단고기』로 정리했을 수 있다. 예를 들어 유대 민
족의 고(古) 역사인 모세 5경의 책도 그전부터 내려오던 J 문서나 E
문서, P 문서 등의 구술 모체가 있었고, 바벨론 포로(B.C. 587~538) 등
으로 나라와 민족이 위험에 처하자 그 모체에 기대어서 『창세기』 등
의 모세5경을 기술한 것을 볼 때, 그렇게 『환단고기』도 우리 고(古)
역사의 모체를 기록한 것으로 볼 수 있지 않을까 생각한다.

이상에서 유교의 발단과 전개를 살피는 가운데 우리는 '종족'이라
는 인간 구별의 처음 차원까지 언급했다. 그러나 한나 아렌트 같은
정치 사상가는, '인종'(race)이란, 정치적으로 말하면 인류의 시작이
아니라 종말을 말하는 것이고, 민족의 기원이 아닌 쇠퇴를 지시하는
것이라고 일갈했다. 그것은 인종 담론이 "인간의 자연적 탄생이 아
니라 그의 부자연스러운 죽음"이기 때문이라고 했는데(한나 아렌트,
2006, 317쪽), 그것은 인류가, 지난 세기 나치즘이나 범슬라브주의에
서 보았듯이, 결국 인간을 최종적으로 인종으로 환원시키고 구분하

면서 그때까지의 인류의 모든 문명과 문화를 무화시키는 반인륜적 범죄를 저지르는 잣대로 사용했기 때문이다.

그런 점에서 한–중, 중–한, 또는 중–미, 미–중 관계가 정치적으로 다시 인종주의에 물드는 경향을 보이는 것이 우려스럽다. 그런데도 여기서 유교의 기원과 전개를 말할 때 '한족'과 구분되는 '동이족'의 역할과 위치를 밝히고자 한 것은 바로 유교가 어느 한 인종이나 민족만의 것이 아니라 장기간에 걸친 동아시아 인간 삶에서의 공통 작업의 산물이었다는 것을 주장하고자 함이다. 오히려 오늘날의 민족국가 중국 중심의 좁은 배타적 국가주의를 넘고자 하는 것이다. 그렇게 탄생하고 전개된 유교는 인류 문명의 어떤 다른 전통보다도 크게 진정 '인간(人), 인간이면 족하다'는 근원적 인본주의를 표방한다. 그 보편적 인본주의 탄생에 뛰어난 역할을 했던 중국조차도 다시 세계 헤게모니 싸움으로 서구 파트너 미국의 보수 기독교 복음주의자들처럼 인간문명의 죽음인 인종주의의 유혹에 넘어가서는 안 될 일이다.

4.
유교의 인간 이해(人)와 한국인의 사람됨(仁)

 2021년 연말 한 해를 마무리하면서 당시 문재인 대통령은 그 해 활발히 활동한 봉사와 나눔 단체의 대표와 주인공들을 초대해서 격려하는 자리를 마련했다. 그 자리에 초대된 구순의 남한산성 김밥 할머니 박춘자 여사에 관한 이야기가 회자되었다. 그녀는 일제 강점기에 태어나 어려서부터 홀아버지 밑에서 어렵게 자랐다. 젊은 시절 이혼하고 혼자 살면서 남한산성 앞에서 김밥을 팔아서 모은 전 재산 6억여 원을 기부했을 뿐 아니라, 버려진 발달장애인들을 가족처럼 돌보았고, 고령이 되자 자신이 살고 있던 셋방마저 빼서 그것도 기부하고 장애인들과 함께 살고 있다고 한다. 한국 사회에서는 이러한 감동을 주는 인간애에 대한 미담이 여전히 들리고 있다. 그러나 다른 한편에서는 바로 그 인간이 이루어 온 문명이 오늘 전 지구 생명적으로 크게 문제를 일으키고 있다는 염려가 드높다. 저녁 뉴스를 보기가 겁날 정도로 거의 매일 노동자들이 사고와 과로, 집단 따돌림 등으로 죽어 가고, 힘없는 아동이나 노인들이 학대받는 이야기, 공동체 삶 곳곳에서 비인간적이고 반(反)인간적인 인권 침해와 생명 경시 소식이 난무한다. 그 가운데서 인간의 건전한 상식과 지성이 한없이 조롱받으며 지금까지 인간 문명 전체의 열매를 무(無)로 돌리려는 지극히 허무주의적이고 주술적인 세계관이 판을 치고 있다.

그렇다면 이렇게 한없이 오명으로 전락한 인간(人)이라는 이름을 어찌할 것인가? 그냥 포기하고 말 것인가 아니면 어떤 치유나 전복이 가능한가? 사실 오래전부터 일종의 상식으로서 우리는 동아시아의 유교야말로 인간(人), 인간성(仁)을 핵심적인 관심사로 삼는다고 말해 왔다. 또한, 그중에서도 한국사상은 특별하게 '사람'(性)과 '살림'(生), '생명'을 항상 그 사고의 중심에 두었다고 강조했다. 유교 문명의 문을 본격적으로 연 공자(B.C. 551~479)는 중국 춘추전국 시대에 그때까지 동아시아에서 영근 인간 삶에서의 최고의 가치 의식을 '사람됨'(人)과 '인간성'(仁)이라고 표현했고, 그 이상(理想)을 어떤 초월적 신적 왕권이나 물리적 힘의 문제가 아니라 좀 더 보편적으로 인간 모두의 '덕'(德)과 '마음'(心)의 문제로 인간화하고 내면화했다. 그는 그때까지도 흔적이 남아 있던 과거 고대의 순장(殉葬) 풍습, 즉 오래전 왕족이나 귀족이 죽었을 때 그의 지하에서의 삶을 위하여 살아 있는 사람을 시중들 사람으로 같이 부장하던 풍습에 따라서 나무나 돌로 인간 인형을 만들어 넣는 것에 대해서 단호히 반대했다. 맹자가 전하는 말에 따르면, "처음으로 사람 인형을 만든 사람은 후사가 없을 것이다"(始作俑者 其無後乎)라는 강한 말로 그 풍습의 잔존까지 철저히 배격했다고 한다.(『맹자』「양혜왕」上4)

　이러한 이야기는 유교 도가 어떻게 사람을 중시했고, 인간다운 것을 신장시키고 전개하는 일을 통해서 전 생명공동체를 살리고 지속하면서 천하의 일이 모두 그 일부터 시작하고 비롯됨을 강조했는지를 밝혀준다. 유교는 그런 의미에서 철저히 인본주의적이다. 하지만 그 인본주의가 보통으로 서구 인격신적 유신론에서 비판하듯이 단지 단차원적인 이세상주의이거나 비종교적이지 않았다는 것을 말해야겠다. 유교는 인간과 인간성이 하늘의 궁극과 긴밀히 연결되어 있고, 그래서 자신 속의 인간성을 깨닫는 것이 바로 그 하늘의 명령인 '천명'(天命)을 깨닫는 일이라는 것을 누누이 강조해 왔다. 그래서 유교 도가 참된 인간의 이상으로 제시하는 '성인'(聖人)의 궁극 가치인 '거룩'(聖)이란 밝은 귀(耳)를 가지고 하늘의 소리를 잘 듣고 전달하면서(口) 관통하지 않는 것이 없는 최고의 지경(王)을 가리키는 것이 된다. 그런 의미에서 유교는 오늘 우리 시대 세속사회에서 더욱 의미 있는 일종의 "세속 종교"(a secular religion)이고, "일상의 영성"(lay spirituality)이라는 말을 듣는다.(줄리아 칭, 1994, 9쪽)

공자는 이 지극히 평범하고 일상적으로 표현되는 인간성(仁)에 대해서 한없는 외경으로 그것이 무엇인지를 자세히 논하는 것조차 삼갔다고 한다. 『논어』 전체에서 100여 차례 이상 인(仁) 자가 나오지만, 「자한」 편에 보면, "그는 리(利, 이익)와 명(命)과 인(仁)에 대해서 드물게 말씀하셨다"(子罕言利與命與仁)고 한다. 예수가 하늘나라(천국)에 대해서 주로 비유로 말씀하신 것처럼 공자도 인(仁)에 대해서 직접적으로 설명하는 것을 삼갔고, 대신 상황과 때에 따라서 여러 차원으로 말씀하셨다는 것을 알 수 있다. 그러면서도 일관되게 밝힌 것은, "인(仁)이 멀리 있는가? 내가 인(仁)하고자 하면 그 인(仁)이 곧 다다른다"(仁遠乎哉 我欲仁 斯仁至矣)고 했고, "(세상이) 인(仁)해지는 것이 나로 말미암은 것이지 다른 사람에게서 비롯되겠느냐?"(爲仁由己 而由人乎哉) 하면서 우리 각 사람 스스로가 참된 세상을 이루는 근원이고, 샘물이며, 토대인 것을 강조하셨다. 그래서 그는 "인간성(仁)이 아니라면 삶에서 무슨 성취가 가능할까?"(君子去仁 惡乎成名, 「이인」5)라고 믿은 것 같다. 그에게는 "인(仁)은 곧 사람다움"(仁者人也, 『중용』 20장)이고, 그것이 문명의 토대라는 것이다.

　　그런데 이렇게 유교 도의 핵심이 되는 인(仁)이라는 글자와 관련해서 한국 유학자 류승국 교수는 그 사람답게 되는 것을 말하는 인이 원래 예전 동방 사람인 고대 동이족을 가리키는 '이'(夷) 또는 '인'(人)이라는 고유명사에서 유래한 것이라고 강조한다. 그는 서주(西

周)의 금문에서는 '동이'(東夷) 및 '회이'(淮夷)의 '이'(夷)를 모두 '인'(人)으로 썼고, 갑골문에서는 동이족을 '인방'(人方)으로 표시했다고 고증한다.(류승국, 2009, 117쪽) 그처럼 '인'(人) 자는 원래 사람이라는 보통명사가 아니고, 맹자가 "순(舜)은 동이 사람"이라고 한 데서도 알 수 있듯이, 주나라 이전 문화적 우수성을 지닌 동이 사람인 인방족을 가리키는 고유명사였다는 것이다. 동이족을 사람다움의 모범으로 삼는다는 생각에서 인간 일반(人)을 말하는 보통명사가 되었고, 거기서 '인간다움'을 말하는 인(仁) 자도 연원되었다고 한다.

이처럼 유교 사상의 핵심인 인(仁) 사상의 인이 고대 동이족의 이름(人方)으로부터 연원했다는 주장은 한국 사람 고유의 인성과 그 인격적 특성이 무엇인지를 다시 생각하게 한다. 이후 우리가 좁은 의미로 중국 사상이라고 알고 있는 공자의 유교 사상이 한국에 영향을 준 것은 B.C. 4세기경부터라고 추정하는데, 공자는 당시 동방 조선(九夷)을 가리켜 "군자(仁人)의 나라"라고 했으며, 중국 선진(先秦) 시대에 저술된 것으로 여겨지는 『산해경(山海經)』에는 "해동에 군자국이 있다"고 했고, 또 그 군자국의 인간상이 "호양부쟁"(互讓不爭), 즉 서로 겸양하면서 싸우지 않는 것이라고 말했다고 한다. 이러한 모든 이야기는 한국 사람의 본래 인격적 특성이 '사람다움'(仁)이라는 것을 말해준다. 이는 순임금의 특성이었던 '사기종인'(舍己從人, 나를 버리고 상대를 따름)이나 '선여인동'(善與人同, 다른 사람과 더불어 선을 함께

행함), 공자가 인(仁)을 말할 때 쓴 '극기복례'(克己復禮, 나를 이기고 예로 돌아감), '수기안인'(修己安人, 나를 닦아서 다른 사람을 편안하게 해줌), 그리고 '참으로 인(仁)한 사람만이 진정 곤궁한 처지를 참을 수 있고, 진정으로 기뻐할 수 있으며, 사람을 좋아할 수도 미워할 수 있다'고 한 대로, 한국 사람의 마음이 한 시대 동아시아 보편의 선과 미의 기준이 될 수 있을 정도로 공평무사한 것이었다는 말이 되겠다.(이은선, 2020(2), 47쪽)

하지만 우리가 잘 알듯이, 그렇다면 왜 오늘날은 한국 사회에서 만인 대 만인의 극한 싸움을 그린 〈오징어 게임〉이라는 드라마가 나올 정도가 되었으며, 세계 유일의 분단국가로 지난 5천 년 이상의 역사가 무색하게 나라가 둘로 나뉘어 서로 싸우고 수많은 악을 파생시키며 살게 된 것일까? 필자가 통유적(通儒的) "인(仁)의 사도"라고 해석한 함석헌 선생은 그의 『뜻으로 본 한국역사』에서 한국인이 이름을 지을 때 많이 쓰는 인(仁), 의(義), 예(禮), 지(智), 신(信)이나 순(順), 순(淳), 화(和), 덕(德), 명(明), 숙(淑) 등의 단어는 모두 한국인 본래의 착하고 선한 인성을 드러내는 말들이라고 한다. 즉 한국인 고유의 인격적 특성은 "착함", "차마 못하는 마음"(不忍之心)이라고 말한 것인데, 왜 이렇게 착하고, 공동체를 위해서 자신을 희생하는 선한 본성을 지닌 민족이 오늘과 같이 되었는가를 생각해보면서, 그는 당시 일제 치하의 혹독한 경험이 그들을 그렇게 상하게 했다고 대답한다. 그리고 더 길게 잡아서 삼국 시대부터의 실패를 보더라도 그 이전의 무수한 시간에 비하면 근래 천여 년이란 그렇게 긴 시간이 아니라고 주장한다. 그래서 그 본연의 선함과 착함을 다시 찾는 일이 긴요하고, 그 착함으로 인류에 봉사하는 것이 세계를 위한 한민족의 사명이라고 강조한다. 나는 오늘 한국 사회의 삶에서도 이와 같은 대답이 여전히 유효하다고 생각한다. 오늘 온갖 불인(不仁)과 비인간성, 차마 못 하는 마음은커녕 인간 상식과 건전한 이성이 파괴되고, 자기 안에 갖추어진 사람다움(仁)에 대한 신뢰보다는 갖가지 미신과 잘못된 무속의 유혹에 빠져서 사리사욕을 채우기에 급급한 상황이라면, 여기서 다시 한국인의 오래된 선함과 착함, 공동체를 위한 희생과 겸양의 정신을 회복하는 일이 긴요함을 말해야겠다. 함 선생은 그러한 사람다움의 씨앗(仁)이야말로 나라를 살리고 세계를 살리는 "일루의 희망"이라고 했다. (함석헌, 1986, 323쪽)

5.
유교적 인설(仁說)과
성학지도(聖學之道)의 종교성

지난해(2022) 3월 대통령 선거를 앞두고 한국 사회는 여러 견해와 파당의 분열로 요동쳤다. 사람들은 만나서, 또는 오늘날에는 흔히 카톡방에서 서로 의견을 내놓고 논의하지만, 그러나 그 논의가 종종 격한 감정싸움으로 변해서 관계가 틀어지기도 한다. 그래서 '종교'와 '정치' 문제는 가족 사이에도 화제로 삼아서는 안 된다고 자주 말한다. 그것이 일종의 금기가 된 것이다. 그러나 과연 그런가? 바로 그렇게 서로 내놓고, 좀 더 드러내서 서로 변론하지 않기 때문에 우리 삶에서 어쩌면 가장 긴요한 주제가 되는 종교와 정치가 점점 뒤틀린 모습으로 변해 가는 것은 아닐까? 국립공원 내 사찰 문화재 관람료 징수 문제와 관련해서 몇 차례 논란이 있었는데, 한국 사회에서 종교 세력은 그 경우의 불교계만이 아니라 종종 일종의 무소불위의 힘으로 군림하는 것을 본다. 이와 더불어 정치에 대한 논의가 일부 큰소리를 내는 편향되고 거짓되기도 한 여론몰이 그룹에 독점되어 시민들의 건강한 판단력을 마비시키고 있다.

　이렇게 금기시되고 각자의 내밀한 문제라고 치부되어서 더는 서로 말하지 않는 종교나 정치는 사실 우리 모두의 궁극적인 관심사이다. 그러므로 서로 말하지 않을 것이 아니라 더욱 관심을 가지고 물어 주고, 드러내서 같이 생각하면서 대화와 성찰을 통해 좀 더 통전적이고, 생명과 삶을 진척시키는 의견과 판단력을 얻을 수 있도록 해야 하지 않을까? 20세기 인지학(人智學) 창시자 루돌프 슈타이너(1861~1925)는 일상의 대화에서는 물론이려니와 교육에서도 더는 내용 있는 관심과 대화가 사라진 20세기 이후 인류의 삶을 "타인에게 영적으로 다가가려는 욕구가 더는 없고", "사람들 모두 서로 스쳐지나가는" 심한 단절과 차가운 개인주의의 삶이라고 비판했다. 곧 "인간이 인간을 잃어버린" 상황이고, 그래서 사람들은 오직 자기 자신과 돈과 경제 등에만 관심을 갖는 싸늘한 시대가 되었다는 것이다.(슈타이너, 2013, 198쪽)

　나는 이러한 상황을 타개할 수 있는 가능성을 유교 가르침 안에서 찾아보고자 한다. 그것은 유교 공부의 길인 성학지도(聖人之道, To become a sage)가 전혀 종교적으로 보이지 않으면서도, 그리고 어쩌면 별로 정치적이지 않은 것 같으면서 그 궁극적인 관심과 거기에 도달하려는 길과 토대가 되는 신념이 바로 종교이고 정치이며, 교육이고 문화가 되는 매우 통합적이고 통전적인 기제이기 때문이다. 물론 오늘날은 유교 공부가 일종의 책 공부나 과거 역사 공부처럼 되어서 유학자들조차도 그 공부의 궁극에 대한 이야기나 정치적 현실에서의 적용 등에 대해서는 말하기를 극도로 꺼리고 있다. 하지만 한국 사회 독립운동과 저항 운동의 뿌리가 되는 19세기 말 의병운동에서 유교적 '지공무사'(至公無私)가 깊은 정신적 기반으로 작용했다는 것을 상기하면, 오늘의 현실이 생소하다고 하지 않을 수 없다.(변선환 아키브 편, 이은선, 2019, 29쪽) 또한, 유교가 그 궁극의 도인 성(聖)이나 인(仁), 그리고 그것을 체현한 성인(聖人)을 지향하며, 공자의 가르침대로 수기안인(修己安人)이나 안백성(安百姓)을 유교 성학의 궁극적인 지향으로 받아들인다면, 어떻게 그것이 종교나 정치에 대한 담론이 아닐 수 있겠는가 하고 생각한다. 종교의 핵심을 곧 '궁극 관심'(the ultimate concern)이라고 했을 때, 유교는 바로 '성인지도'(聖人之道), 즉 어떻게 하면 참된 인간이 되어 평천하(平天下)를 이룰 수 있는가를 그 궁극 관심으로 삼고 있는 하나의 영적이고 종교적 추구라고 할 수 있다.(이은선, 2009, 58쪽) 그러므로 유학 공부를 하면서 종교와 정치에 대해서는 말하지 말아야 한다고 하는 것은 어불성설이기 쉽다.

주지하다시피 유교 성인지도의 이상은 공자에 이어 맹자(B.C.

372~289)에 의해서 획기적으로 고양되었다. 맹자는 "과거 성인들의 본성과 보통사람들의 본성이 같다"(聖人與我同類者)고 하면서 누구라도 그 마음을 다하는 일(盡心)을 통해서 요순처럼 될 수 있다고 선언했다.(人皆可以爲堯舜) 이후 10세기 중국의 도학자들은 그 길에 대한 탐색을 심화하여 우리가 소위 '신유교'(Neo-Confucianism)라고 부르는, 인간 심성과 만물의 원리에 관한 구도적이고 도학적 탐구가 되는 성리학(性理學)으로 부활시켰고, 그 대표적 집대성자로 여겨지는 주희(朱熹, 1130~1200)는 「인설」(仁說)을 지어서 그 깊이를 더하였다. 그는 성인지도(聖人之道)가 단순한 세속적 정치나 얕은 도덕성 추구의 차원을 넘어서 인격의 깊은 영적 창조성(天地生物之心) 문제라고 보았다. 성인지도는 우리 심성 속의 창조적 초월자(天地之心)에 대한 자각에 근거해서 온 생애와 우주적 관심사로서 사람됨(仁)을 추구하고, 만사 속에서 그것을 실천하는 일이라고 본 것을 말한다. 앞 장에서 유교 문명 속에서 인(人) 또는 인(仁)이라는 의식이 영글고 전개되는 데 상고대 동북방의 동이족이 중요한 역할을 했다고 지적했다. 주자도 그 인에 대한 설명과 더불어 그것을 「인설도」(仁說圖)라고 하는 도상으로도 그려냈고, 그로부터 3백여 년 후 조선의 퇴계는 다시 한번 그것을 자신 학문의 결정체인 『성학십도』(聖學十圖)의 제7도로 가져왔다.

내가 그 「인설」에서 드러내고 싶은 언명은 세 가지이다. 먼저 주자는 천지의 본체를 '마음'(心)으로 보면서 그 마음의 일을 '창조하는'(生) 일로 보았다는 것이다.(天地以生物爲心者也) 이러한 설명은 유대기독교 창세기 이야기에서 만물을 창조하시는 '영'(靈, spirit)으로서의 하나님 이야기를 생각나게 한다. 물론 거기서도 인간이 바로 그 영과 숨을 받아서 하나님의 모상(imago dei)대로 창조되었다고 했다. 하지만 내가 보기에 그러한 서구기독교적 신화의 언어보다도 유교 「인설」의 언어는 오늘 탈종교화 시대에 훨씬 더 무리 없이 다가온다. 왜냐하면 그 유교 언어는 오늘날의 유물주의 언어처럼 쉽게 벌거벗은 세속주의에 빠지지 않으면서도 지극한 이세상적 보편 언어로 만물의 영적(심적) 차원을 밝혀주기 때문이다. 그러한 맥락에서 「인설」은 그 창조하는 살아 있는 마음을 '덕'(德)으로도 표현했다. 그리고 천지의 마음인 덕의 속성 중 가장 기초가 되는 첫 번째가 '인'(仁)이라고 하며 "인이란 천지가 만물을 낳은(창조하는) 마음이고, 인간이 그것을 얻어서 자신의 마음으로 삼았다"(仁者 天地生物之心 而人之所得以爲心)고 언명한다.

이것은 참으로 귀한 영적 선언이다. 인간과 그 마음을 바로 만물과 창조의 근원으로 보기 때문이다. 소위 오늘날 좁은 근대주의적 의미에서의 인간중심주의이거나 인간과 자연, 인간과 우주 또는 마음과 몸, 정신과 물질, 신과 인간 등을 죽은 이원론으로 나누는 것이 아니다. 오히려 두 차원을 서로 역동적으로 연결하면서 만물의 초월적 차원을 밝히고, 그 두 차원이 서로 불이적(不二的)으로 하나되어서 생생한 생명성과 역동성, 끊임없는 창조력의 역(易)이 되는 것을 밝힌다. 그런 의미에서 오늘날 예를 들어 값싼 죄론이나 대속론으로 전락해버린 서구 기독교 구원론과는 달리 유교적 「인설」은 인간과 우주를 다시 새롭게 이해할 실마리가 될 수 있다. 그래서 서구 기독교에 대한 유사한 비판 의식에서 러시아 사상가 N. 베르댜예프(N. Berdyayev, 1874~1948)가 다음과 같이 말한 것은 바로 오늘의 기독교 구원론이 유교적 「인설」로부터 무엇을 배울 수 있을지를 잘 밝혀준다고 보고자 한다:

"인간의 노예성은 인간의 타락이며 인간의 죄이다. 이 타락은 그 자체의 의식구조를 가지고 있는데, 죄로부터의 회개와 속죄만으로 극복될 수 있는 것이 아니라 인간의 모든 창조적 힘의 활동에 의해서 극복되는 것이다."(니콜라스 베르댜예프, 2015, 360쪽)

마지막 세 번째로 강조하고 싶은 것이 "공(公)이란 인을 체득하는 방법이다"(公者所以體仁)라는 것이다. 여러 해석이 가능하겠으나 예를 들어, '사람은 결코 혼자서는 사람이 될 수 없다.' '공적으로 자신을 드러내는 일 없이는 사람 됨을 닦을 수 없고, 박쥐 같은, 졸부 같은 인생이 있을 뿐이다.' '공평무사하고 진실한 판단과 행위를 연습하는 일을 통해서 우리는 참인간성을 이룰 수 있다' 등이 오늘 우리에게 적실한 의미일 수 있다.

오늘과 같은 고립과 고독, 자기 폐쇄의 시대, 현재 자기가 가진 것을 오직 자기 혼자만의 노력과 성취로 이룬 것으로 보는 '능력(평등)주의'야말로 이러한 메시지를 필요로 하는 것 같다. 지금 한국 사회에서 주창되는 능력에 따른 평등주의는 점점 더 인간이 아닌 괴물(좀비)만을 양산할 뿐이고 그래서 교육과 문화의 진정한 역할이란 인격과 영혼의 완성이라는 말은 저리 가고, 나라 안의 모든 것이 자아의 일차원적 욕망 성취와 물질 축적에 몰두하도록 하기 때문이다. 오늘 상황은 어린 시절 그 인(仁)을 직접적으로 체험하고 닦을 수 있는 친밀한 인간관계나 가족적 삶이 많이 깨어져서 어떻게, 어떤 방식으로 인격의 핵인 인(仁)을 키울 수 있겠는가가 더욱 큰 숙제로 다가온다.

6.
공자의 어린 시절과 어머니 안징재

　이미 많이 아는 것이지만 제2차 세계대전이 끝난 후 서구 철학자 칼 야스퍼스(K. Jaspers)는 『역사의 기원과 목표』에서 인류 문명의 '차축 시대'(The Axial Age)를 말했다. 그것은 기원전 800년에서 200년 사이에 오늘날까지도 여전히 인류를 이끄는 큰 사상들이 서로 연결되어 있지는 않았지만 지구의 동서에서 동시다발적으로 출현한 것을 이르는 말이다. 중국의 공자와 노자, 인도의 우파니샤드와 석가모니, 이란의 짜라투스트라, 팔레스타인의 엘리야나 이사야, 에레미야와 같은 대 예언자, 그리스의 시인 호머나 소크라테스, 플라톤과 같은 이들이 그들이다. 아닌 게 아니라 오늘 21세기를 사는 우리의 의식과 언어도 여전히 거기서 연원한 것이고, 우리가 쓰는 온갖 개념들, 종교나 철학 언어, 그리고 윤리의식이 이로부터 기원하는 것을 부인할 수 없다. 그런데 누군가가 '그렇지만 왜 그 이후, 그리고 오늘날에는 다시 부처나 공자, 예수와 같은 사람이 나오지 않는 것일까.' 하고 묻는다면 뭐라고 대답할 수 있을까? 예를 들어 '아무도 실제로 부처처럼 보리수 아래서 6년 동안 앉아 있지 않아서'라고 했다면, 그것은 우스갯소리이겠지만 많은 것을 시사하는 것 같다.

미국의 중국학자 모트(F.W. Mote) 교수는 유교의 공자에 대해서 말하기를, 그가 지난 2천 년 동안 동아시아 문명에 기여한 것을 생각할 때 "역사에서 그토록 중대한 역할을 떠맡으면서도 단지 한 인간으로 남았다는 것은 인간의 업적 가운데 가장 희귀한 일"이라고 했다. "그를 신성화하려는 후대의 모든 가당치 않은 시도들을 저지하면서" 인간으로 남아서 그와 같은 일을 이루어낸 것은 참으로 위대한 업적이라는 것이다.(후레드릭 W. 모트, 1991, 78쪽) 이러한 평가를 예수 그리스도의 기독교와 비교해 보면 더욱 도드라진다. 왜냐하면, 기독교 2천 년 역사란 유대인 청년 예수를 '신의 아들'에서 '아들이신 신', 나중에는 '유일한 신'으로 그려나간 역사라고 할 수 있기 때문이다. 그래서 줄리아 칭 같은 유교학자에 따르면, 유교 또는 유가를 지칭하는 서양의 용어인 'Confucianism'은 잘못된 명칭이다. 그 이름대로 하면 Confucianism이란 공자라는 이름을 가진 사람에 의해서 전개되는 이야기라는 말이 되는데, 기독교를 지칭하는 Christianity와 대비되는 용어로 사용할 때 기독교에서 예수 그리스도가 차지하는

결정적인 역할과 의미만큼 유교에서는 공자가 그런 비중이 아니기 때문이다.(줄리아 칭, 1994)

유교나 유가(儒家)의 '유'(儒) 자가 어디서 유래했고, 무슨 의미를 지니는가 하는 데에는 설이 분분하다. 원시 유교 연구가 김승혜는 그 유(儒)가 공문(孔門)을 지칭하기 시작한 것은 유가의 기록이 아닌 『묵자』(墨子)에서부터였다고 밝힌다. 즉 춘추전국 시대에 무사 출신인 묵가의 처지에서 보면 덕치와 예를 통한 교화를 강조하는 공문의 가르침이 '유약'(柔弱)하게 느껴졌을 것이고, 그래서 그 보수성과 차등적인 예 실천 등을 비판하던 묵가가 『설문해자』(說文解字)에 유약의 의미를 담고 있는 글자로 소개된 '유'(儒)로 공문을 지칭한 것이 아닌가 추정한 것이다.(김승혜, 2001, 16쪽) 또 다른 주장에 따르면, 유가는 그 명칭 '유'(儒)에서부터 '인간(人)에게 필수(需=須)적인 것을 가르치는 교의(儒敎)' 또는 '인간이 되기 위해 필수적인 것을 배우는 학문(儒學)'의 의미를 분명히 하고 있다고 한다.(임헌규, 2014, 69쪽) 한대(漢代) 이후로 유(儒)는 공문(孔門)의 명칭으로 확정되었다. 이렇게 유교가 기독교에서의 예수만큼은 아니지만, 끝까지 인간으로 남은 인간 공자의 가르침을 전승하는 사람들이라는 자각을 뚜렷이 드러내는 명사가 되었다면, 우리는 그 인간 공자가 어떤 사람이며, 어떻게 그와 같은 사람이 될 수 있었는지를 더욱 인간학적으로 묻고 싶어진다. 이는 '역사적 공자'(historical Confuzius)에 대한 관심이고, 여기서는 특히 그 출생과 어린 시절, 어머니의 역할과 교육 등에 관한 관심을 말한다. 오늘 21세기에 기독교에서도 '역사적 예수'(historical Jesus)에 대한 관심이 비등하고, 또 그 학문적 성과도 점점 더 뚜렷해지지만, 공자의 탄생과 그 어린 시절 이야기는 그에 비해서 듣기 어렵다. 필자의 과문 탓도 있을 것이나 점점 더 궁금해진다.

공자(B.C. 551~479) 사후 4백 년이 지난 시기에 간행되지만 그에 관한 가장 오래된 전기인 사마천(司馬遷, B.C. 145~86)의 『사기』(史記) 「공자세가」(孔子世家) 등에 보면, 공자는 기원전 551년 노나라 곡부(曲阜) 출신인 어머니 안징재(顏徵在, B.C. 568~535)와 나이 차이가 무척 많이 나는 아버지 공흘(孔紇, 字는 叔梁) 사이에서 태어났다. 하지만 이들의 결혼은 일종의 '야합'(野合)이었다고 하는데, 이는 공자가 정식 아들로 인정받지 못하는 처지로 태어난 것을 말한다. 그런 아버지도 공자가 세 살 때 돌아가시자 어머니는 어린 아들을 데리고 원래 지역에서 명망 있는 가문이었던 친정 근처로 돌아가서, 공자에게 모든 희망을 걸고 그를 길렀다고 한다. 특히 그녀는 어린 공자에게 악기를 가르치는 것을 중시하면서 어린 시절부터 악기 공부를 통해서 뿌리나 기초, 원칙이나 규칙을 중시하는 것을 아는 사람으로 키우고자 노력했다고 한다. 아버지가 죽은 사실도 알려주지 않고 전쟁터에 나갔다고 하면서 어린 아들의 자존심을 상하지 않도록 했고, 그런 어머니의 기대를 저버리지 않고 배움에서 뛰어난 재능을 보였던 공자는 생계를 위해서 많은 허드렛일을 하면서 고생스럽게 자랐지만, 특히 인간의 도리와 예법에 대한 깊은 관심을 보이며 성장하였다고 한다.(YouTube, AirKlass, 「음악교육의 원조, 공자의 어머니 안징재」)

이러한 이야기의 역사적 사실 여부는 논란이 있을 수 있다. 하지만 최근 필자가 들었던 우리 시대 지구 기후위기 극복을 위해 나선 스웨덴의 학생 환경운동가 그레타 툰베리(Greta Thunberg, 2003~)의 자기 내러티브와 비교해 보면 충분히 가능한 이야기라는 생각이 든다. 그녀의 초등학교 2, 3학년 때 이야기로, 툰베리는 지구 기후위기가 심각한 것을 알게 되면서, 처음에는 그렇게 심각하다면 어른과 정치인 누군가가 해결해 줄 것으로 생각했다고 한다. 그러다가 상황이 전혀 그렇지 않은 것을 보면서 자기 세대의 미래가 정말 불투명하고 예측할 수 없다는 것을 알게 되자 밥 먹는 것도, 학교 가는 것도 더는 의미가 없어졌고, 그래서 죽을 것같이 고민하다가 스스로가 지구를 구하는 일에 나섰다고 한다. 여기서 툰베리의 경우는 한 아이가 어린 시절 안정된 가정과 많은 것이 예측 가능한 조화로운 환경 속에서 자라면서 어린 나이이지만 계획을 세우고 자신의 시간을 잘 정리하면서 살다가, 앞으로는 결코 그럴 수 없다는 것을 누구보다도 예민하게 느끼면서 바로 그렇게 시대를 구하는 일에 스스로가 나선 경우라고 할 수 있다.(〈푸른아시아〉 2월의 기후영화 「슬픔과 극복의 태피스트리 The Magnitude of All Things」) 이런 맥락에서 공자의 어린 시절과 그 어머니의 교육, 지식과 앎을 단지 이론으로가 아니라 자기 몸과 주변에 대한 직접적인 관찰과 경험(能近取譬)에서 습득했던 시간이 공자로 하여금 그러한 인격과 큰 문명적 소명을 갖게 한 것이 아닌가 하고 상상한다.

『논어』「양화」장에는, 제자 재아(宰我)가 부모가 돌아가신 후 치르는 삼년상이 너무 길어서 1년 상으로 고칠 것을 건의하는 장면이 나온다. 재아는 이때 여러 실용적이고 실리적인 이유를 든다. 여기에 대해서 공자는 부모가 자식을 낳아서 최소한 3년간은 보듬고 돌보아 주셨기에 자녀도 부모가 떠날 때 삼년상을 치르는 것은 마땅하고, 그런 제안을 하는 재아는 '불인(不仁)하다'면서 인간답지 못하다고 지적하신다. 또한, 어쩌면 재아는 자기 부모로부터 충분히 사랑을 받지 못한 것인가 물으신다. 작은 일화이지만 많은 것을 생각하게 한다.

오늘날은 3년은커녕 단 며칠도 충실히 애도의 시간을 가지기 어렵고, 그에 더해서 떠나가는 부모는 많은 경우 더 일찍 평소 살던 집을 떠나서 요양원 등에서 외롭게 가신다. 그리고 아이들도 태어나서 1년은커녕 단 몇 개월도 집에 있지 못하고 일찍 부모를 떠나서 공공 육아원으로 보내진다. 모두 경제와 실리를 위한 것이다. 이런 상황에서 공자의 "인간답지 못하다"는 말을 다시 새겨 본다. 우리가 진정 지금과 같은 삶의 방식을 계속하면서 AI보다 더 나은 인간이 길러지기를 바라는가? 우리의 '인간답지 못한' 육아와 교육, 늙음과 떠나감의 시간에 대한 처신이 오늘 우리 시대에 인간이라기보다는 괴물과 좀비만을 양산하는 것이 아닌가? 그렇다면 우리는 이 3년이라는 공자의 강조를 어떻게 재해석해서 우리 공동체 모두의 근본 문제로 받아들이면서 거기서 새로운 대안을 찾을 수 있을지를 깊이 고민해 볼 일이다.

7.
맹자의 정의(義)와 인간 삶의 조건

앞선 글에서 어린 시절 공자가 그 어머니 안징재로부터 어떻게 큰
사랑을 받았고, 그런 공자가 제자들과 더불어 부모 삼년상(喪) 치르
는 일로 어떤 쟁론을 벌였는지를 살폈다. 공자에 이어서 유교 도를
공고히 하고 전개하는 데 결정적인 역할을 한 맹자(B.C. 372~289)는
공자 때보다 더한 실리주의와 패권주의가 극성을 부리던 약육강식
의 전국(戰國)시대에 살았다. 그런데 흥미롭게도 맹자의 삶에도 부
모님 상 치르는 일과 관련한 설왕설래가 있었다. 다름 아니라 맹자
가 그 아버지 장례보다 어머니 장례를 더 화려하고 성대하게 치렀
다는 논란이다.(『맹자』 「양혜왕」 下16) 당시의 일반적인 경향에 반해서
맹자가 어떻게 어머니 장례를 "지나쳤다"(踰)라고 할 정도로 더 성대
하게 치렀는지 구체적인 내용은 알기 어렵지만, 그동안 맹자에 대
해 알려진 여러 이야기를 떠올리며 상상해 보면 맹자도 어머니의 극

진한 사랑과 보살핌을 받으면서 자란 것 같다. 그런 맥락에서 맹자가 자신이 어머니 관을 준비하는 마음은 단지 "아름답게 하기 위해서가 아니라" "마음에 흡족한가"(盡於人心)에 따른 것이라고 밝히는 이야기도 있다.(『맹자』「공손추」下 7) 우리는 맹모삼천지교(孟母三遷之教) 이야기도 익히 알고 있거니와, 이것으로써 공자의 인(仁)이나 맹자의 의(義)처럼 마음을 극진히 하는 일과 관련한 유교 도는 당시 시대 일반을 뛰어넘는 어머니들의 지극한 모성 실행과 그 체험과 깊이 연관되어 피어난 꽃이라는 것을 알 수 있다. 마치 기독교 예수 이야기처럼 로마 식민지 아래서 원치 않는 폭력적 임신으로 태어났을 수 있는 '사생아' 예수가 어떻게 그 어머니 마리아에 의해서 지극한 사랑과 정성으로 하나님의 아들이라는 의식으로까지 키워질 수 있었는가 하는 여성신학적 상상과도 잘 연결된다.

많은 유가 도 연구가들에 따르면 맹자의 가르침은 한국인들의 심성에 제일 잘 부합한다고 한다. 우리는 맹자가 만인 대 만인의 투쟁 시기와도 같은 패도의 시대에 살았지만 위정자들에게 끊임없이 리(利)보다는 의(義)에 따라서 정치할 것을 강조했고, 그 의가 무엇이며, 어떻게 사람이 의에 대한 의식에 도달하게 되는지를 끝없이 논쟁하고 고민한 것을 안다. 아닌 게 아니라 맹자와 관련한 이 지적이 맞는 것인지, 몇 년 전 미국 철학자 마이클 샌델 교수의 『정의란 무엇인가』라는 책이 한국에서 제일 많이 팔렸다고 한다. 그런 샌델 교수가 얼마 전 다시 『공정하다는 착각』을 내놓았는데, 거기서 그는 오늘날 소위 21세기 신자유주의 시장경제 체제 아래서 널리 통용되는 '능력주의' 내지는 '능력 평등주의'로서의 정의와 공정 개념이 그 안에 얼마나 많은 모순과 "착각"을 내포하고 있는지를 비판적으로 지적했다.

즉 오늘 한국 사회에서도 특히 젊은 세대가 의심 없이 받아들이고 당연시하는 능력주의, 즉 '각자가 가져갈 가치와 보상은 각 개인이 내보인 능력에 따라서 나누는 것이 공정하다'는 방식은 결코 정의롭지도, 공정하지도 않다는 것이다. 그 이유는 한 개인이 오늘날 자신의 개인적 능력이라고 주장하는 학벌이나 지능, 신체적 재능까지도 결코 단순히 개인적인 것이 아니기 때문이다. 거기에는 그 개인은 아무런 기여도 하지 않은 전(前) 세대의 보이지 않는 삶과 수고가 녹아 있고, 그런 것들이 바탕이 되어서 이루어진 공적 영역이 토대가 된 것이기 때문이다. 더 나아가서 이 지구 집에 태어났으면 누구나 고루 누릴 권리가 있는 지구 자연의 토대와 기여가 내재하여 있는데, 그것은 결코 개인적인 노력만으로 얻을 수 있는 것이 아니라는 점을 강조한다. 또한 그것을 얻는 데 모두에게 똑같은 기회가 제공되었던 것도 아니라는 뜻을 포함한다.

오늘 한국 사회에 심각하게 드러나는 능력 평등주의의 폐해 앞에서 서구 기독교 전통의 샌델은 그 한계와 불의만을 지적할 뿐 그에 대한 대안은 잘 제시하지 못한다. 이에 필자는 그 대안으로 우리에게 아주 오래된 미래인 맹자의 '경장'(敬長)으로서의 의(義)를 다시 가져오고자 한다. 맹자는 오늘날보다도 때와 기회에 따른 능력의 폭정과 힘과 무력의 폭정이 심했을 전국(戰國)시대 한복판에서 살았다. 그러나 그는 어떻게든 그것을 넘어서 다른 인간적인 길을 찾고자 고투했는데, 거기서 특히 필자에게 의미 있게 다가온 개념이 '경장'(敬長)으로서의 의(義)였다. 그것은 다름 아니라 한 공동체가 더욱 정의롭고 공정한 사회가 되기 위해서는 단지 현세대 구성원 간의 문제만이 아니라 오히려 그보다 더 근본적으로 그 현시대의 존재가 가능해지도록 자신을 내어주었고, 토대가 되어준 과거 세대와의 관계를 먼저 살펴야 한다는 것이다. 그 과거와 더 오래된 윗세대, 과거 세대 개인과 주체가 수행한 것, 역사적 진실 등이 올바로 평가되고 기억되고 계승되는 일이 우선이라는 생각이다. 현재 이미 과거의 인물이 되었고, 삶의 중심에서 벗어났기 때문에 힘없는 대상이 된 이를 인정하고 배려하지 않는다면, 그런 사회는 오늘의 약자에게 더 가혹할 수 있다는 가르침이다. 반대로 온 공동체가 그와 같은 배려를 함께 하고, 그들에게 마땅히 돌아가야 할 것을 좋고 선한 것으로 되돌려준다면, 이는 눈에 보이는 능력과 힘만이 전부가 아니라는 것을 인정하고 공경하는 것이므로 거기서는 동물 세계처럼 능력 평등주의의 약육강식 논리가 아니라 약하고 힘없으므로 더욱 배려해 주는 인간적인 일이 가능해진다는 주창이다.(이은선, 2016, 186쪽 이하)

정의와 공평이란 한 공동체의 힘과 권력, 재화와 기회 등을 그 구성원들 사이에서 공평하게 나누는 것이다. 그리고 나에게 해당하는 것이 아닌 남의 것을 함부로 빼앗지 않고, 만일 그것을 힘과 폭력으로 빼앗는 경우가 되었을 때는 부끄러워할 줄 아는 '수오지심'(羞惡之心)이 있는 것을 말한다. 그런데 맹자에 따르면 그 수오지심의 의(義)는 바로 어린 시절부터 자신과 자기 욕망만이 전부가 아니라 나보다 먼저 온 형과 오빠, 누나와 언니가 있고, 그래서 윗사람인 형과 언니는 내가 함부로 할 수 없는 존재라는 것을 인지하며, 그것을 존중하고 공경하는 일을 습관적으로 체화하면서 얻어진다.(『맹자』「진심」上 15) 이것은 바로 인간이 자신을 한 '조건 지어진 존재'(conditioned being)로 파악하는 일이다. 자기가 힘과 능력이 있다고 해서 모든 것을 마음대로 해서는 안 되고, 자아의 지금이 자기 홀로의 힘과 능력으로 이루어진 것이 아니라 자신보다 더 오래된 존재, 더 먼저의 세대, 더 근원적인 토대가 있었으므로 가능해진 것으로 받아들여서 스스로에게 한계를 주는 인간적 능력을 말한다.

21세기의 인류가 맞닥뜨리고 있는 가장 큰 위기가 인간 자아의 무한정 확장이 불러오는 자아 중심주의와 세계소외라고 했을 때, 바로 이러한 경장(敬長)으로서의 정의는 그 자아가 한계를 가진 존재라는 것을 일깨워준다. 자기보다 먼저 온 세대의 수고와 희생에 대한 경의, 더 나아가서 그 '오래된 것'(長)의 인정은 인간보다 먼저 이 지구집의 주인이었던 다른 동물과 식물의 토대됨과 권리도 인정하는 것이 되어서 현재 인류의 크나큰 생태위기 상황에서도 적실하게 지혜로 삼을 수 있다. 맹자는 만약 그렇지 않고 오늘 우리 시대처럼 현재 상태만을 기준으로 삼는 능력주의에 골몰할 때 극단적으로 사람이 사람을 잡아먹는 사태가 발생한다고 경고했다. 우리 시대에 대한 경고로도 낯설지 않고, 거기서 더 나아가서 일찍이 한 철학자가 지시한 대로 자기 능력을 극대화하고, 거기서 얻어지는 실리를 무한 추구하면서 결국 스스로를 잡아먹는 극도의 '피로 사회'를 맞을 뿐이다.

하지만 맹자의 이러한 주장과 가르침은 오늘날은 어쩌면 그의 스승 공자가 그의 인생에서 끊임없이 추구한 대로 "안 되는 일인 줄 알면서도 이루고자 하는"(知其不可而爲之者) 일인지도 모른다. 그래서 맹자 이후 2천여 년이 훌쩍 지나갔지만, 여전히 우리 삶에서 능력 평등주의가 판치고, 그로 인해 사람이 사람을 잡아먹는 것과 같은 현실이 가시지 않고 있다. 지난 대선에서 후보로 선거 운동을 할 때 윤석열 대통령은 "민주화 운동 좀 했다고 그게 뭐 소용 있습니까?"라는 말을 했고, 그 이전에 일제 강점 시대나 전두환 시기에 대한 발언에서 매우 우려스러운 모습을 보여주었다. 또한, 주 52시간제 폐지와 최저임금제 폐지를 당선 후 제일 먼저 추진하겠다고 했다. 매우 우려되는 말들이었고, 그의 취임 후 1년이 지난 오늘 그것이 현실이 되었다.

물론 동아시아 유교 전통의 나라에서 그 전통이나 나이, 오래된 것의 권위가 오도되어서 폭력적으로 적용된 예가 많았던 것도 사실이다. 하지만 오늘의 긴박한 상황은 다시 경장으로서의 의(義)가 오래된 미래로서 긴급히 요청되는 것을 부인할 수 없다. 그래서 한나 아렌트 같은 서구 정치사상가도 "전통, 종교, 권위"의 세 가지를 인간 공동체 삶이 지속하고 새로워지기 위해서 필수적인 기반과 조건이라고 강조했는데, 지금까지 살펴본 경장으로서의 정의 의식과 잘 상통한다.(한나 아렌트, 2005, 130쪽)

8.
맹자의 효(孝)와 유교적 궁극신앙(事天)

　페북에서 종종 촌철살인(寸鐵殺人)의 글쓰기로 감동을 자아내고 있는 용수 스님에 따르면 오늘 한국 사람이 "미쳐 있는" 여섯 가지가 있는데, '교육, 위계질서, 명예, 돈, 병원, 미신'이 곧 그것이라고 한다. 그중에서 위계질서에 대한 집착에 관하여 그는 누구와도 친구가 될 수 있는 서양 사고가 그립다고 하면서 만약 공자가 이 현실을 보게 되면 무척 분노할 것이라고 일갈한다. 유교가 이 현실을 불러온 책임이 있지만 그러나 공자의 원래 뜻은 그것이 아닐 것이라는 시사도 함께 한다.

　앞에서 맹자의 '경장'(敬長)으로서의 의(義)가 서구의 근시안적인 지금 여기 시간만을 고려해서 주장하는 '공정'보다 훨씬 더 지속적이고 보편적인 차원에서 인간 삶을 의롭게 할 수 있다고 주장했다. 그것은 그 경장으로서의 의가 과거 세대와 지나간 시간의 눈에 드러나

지 않는 수고와 역할에 대해서도 공평과 의를 요구하는 것이기 때문이다. 하지만 이미 지적했듯이 그러한 맹자적 정의는 위의 용수 스님이 지적한 대로 자칫 그 공동체를 위계주의나 나이 권위주의로 호도하기 쉽다. 아닌 게 아니라 요즘 아이들 유치원 생활 이야기를 들어보면 초등학생이 되기도 전에 아이들 반을 나이에 따라서 나누고, 친구들을 나이로 구분하며, 자신이 옆 사람보다 한 살이라도 더 많으면 그것을 자랑하는 것을 종종 본다.

이러한 우리 사회 나이 위계주의의 폐해로 경장으로서의 의(義)의 의미가 잘 드러나지 않듯이 오늘 우리 시대 효(孝)의 의미도 거의 묻혀 있다. 과거 한국 유학 공부의 특성 중 하나가 그 교육과정에서 중국이나 일본보다 특히 『효경』 공부를 강조한 것이라고 한다. 공자가 효를 모든 덕의 근본으로 역설한 책인 『효경』이 가장 기초적인 교과서였고, 효로부터 다른 만 가지 가르침과 좋은 것이 나오는 것을 강조하면서 정치와 교육, 종교와 문화 등 제반 공동체 삶이 그 효행에 근거되도록 한 것이 한국 전통 사회였다는 말이다. 이러한 한국 고유의 정신적 풍토에서 나온 열매로서 한국개신교 신학자 해천 윤성범(海天 尹聖範, 1916-1980)은 20세기 서구 기독교와의 만남에서도 한국적 효 신학과 '효자 예수론'을 주창했다. 그는 자신의 한국적 신학 정립 노력의 결정체로서 1971년 『성(誠)의 신학(神學)』에 이어서

1973년 『효』(孝)를 내놓았는데, 그의 창발적 복음 이해에 따르면, 전통적 야웨 하나님을 '아바 아버지'라고 부른 예수는 "모름지기 효자다." 그리고 자신을 십자가에 내놓기까지 따른 예수의 하늘 아버지에 대한 신앙은 효의 극치이며 완성이다. 즉 그 삶이 "부자유친(父子有親)의 가장 전형적인 근거"라는 것이다. 그래서 해천은 기독교는 원래 동양 종교이지 서양 종교가 아니라고 주장하고, 기독교 윤리를 서양 윤리와 확연히 구별하여 서양 윤리, 기독교 윤리, 동양 윤리의 세 카테고리로 나누어서 자리매김한다.(윤성범, 1973, 11쪽)

기독교 신학자 해천이 어느 정도로 효(孝)를 중시했는가는 그가 맹자의 말, '인지실, 사친시야'(仁之實 事親是也, 『맹자』「이루장」上27)를 나름대로 고유하게 해석한 데서도 뚜렷이 드러난다. 그는 그 문장을 유교에서의 통상적인 이해대로 '인(仁)의 구체적인 표현은 효(孝)이다'라고 하지 않고 거의 뒤집어서 "인의 실재, 존재근거는 효이다"라고 했다. 더 분명히 "인은 효의 인식근거가 된다면, 효는 인의 존재근거가 된다"라고 밝혔다.(윤성범, 1973, 77쪽 이하) 해천의 이러한 해석은 특히 오늘 우리 시대에 여러 시사점을 준다. 21세기 존재의 초월성과 선험성이 모두 무시되고 탈각된 상황에서 우리가 일면 여전히 궁극(天)과 연결되어 있는 것과 하늘 선험성의 씨앗(仁)을 담지하고 있다는 것을 체험적으로 알게 해주는 통로로 효를 든 것이기 때문이다. 다시 말하면 그가 효를 인의 '인식근거'가 아닌 '존재근거'

로 든 것은, 오늘 우리의 벌거벗은 세속화 정황에서 인간이 인(仁)이라는 초월성의 존재이고, 그 인간의 존엄(인권)이 단지 이세상적이지 않고 궁극적이고 선험적으로 하늘(天/性)과 연결되어 있다는 것을 깨닫게 하고 믿게 해주는 통로가 남아 있다는 것을 지시해 준 것이다. 그것이 여기 이곳에서의 친밀한 가족적 삶에서의 사랑과 겸비(兼卑), 효라는 것을 밝힘으로써 효(孝)가 인(仁)의 존재근거가 됨을 가르쳐준 것이다.

이러한 해석은 종래 유교 성리학에서의 효 이해로부터 훨씬 더 나아간 것이다. 그것은 전통의 좁은 성리학적 도덕철학이나 윤리학의 차원을 넘어서 좀 더 존재론적이고 형이상학적으로 효를 파악하는 것이다. 그런 해석이 의미 있는 것은 지금까지 유교 성리학이 강조해 온 대로 인(仁)이 우리의 성(性, 本性)으로서 효를 행할 수 있는 선험적 존재근거로 우리 안에 내재해 있다고 아무리 외쳐도 오늘날 탈형이상학과 탈존재론의 시대에 우리의 정신적 정황이 그것을 알 수 없고, 믿지 못하기 때문이다. 대신에 그러한 본성으로서의 인을 알 수 있고 상상할 수 있는 계기가 우리가 가깝고 친밀한 삶의 반경에서 부모와 가족들로부터 사랑을 받고, 우리도 그에 대한 보답으로 서로 사랑하는 구체적 효제(孝弟)는 남아 있기 때문에, 그 효가 바로 인의 존재근거가 될 수 있다는 것을 적극적으로 주장한 것이기 때문이다. 즉 인이 아니라 효가 오히려 인을 존재로 부르는 본체로서의 천지생물지심(天地生物之心)이 된다고 말하고, 특히 이 효를 오늘의 언어로 '겸비'나 '겸양'으로 해석해낸다면 오늘 자아 절대주의 시대에 좋은 의미로 재해석될 수 있다는 것을 시사했다.(현장아카데미 편, 선병삼, 260쪽 이하 참조)

맹자는 당시 약육강식의 전국(戰國)시대에 양주나 묵적과 같은 사람들의 "무군"(無君)과 "무부"(無父)가 마침내는 사람이 사람을 잡아먹는 것 같은 비인간의 상황을 몰고 올 수 있음을 예민하게 간파했다. '내 몸의 터럭 하나를 뽑아 천하를 이롭게 할 수 있어도 나는 그렇게 하지 않는다'고 할 정도로 철저히 자신만을 위해서 사는 양주의 '위아'(爲我)적 사고는 오늘의 능력 평등주의 사고처럼 어떤 공적 권위나 공적 영역도 인정하지 않는 자기 폐쇄적이고 자아 중심적인 무군(無君)의 관점이라고 할 수 있다. 또한 부모나 가족, 친척을 타인과 구별하지 말고 모든 사람을 겸하여 똑같이 사랑할 것을 주장하는 묵적의 '겸애'적 사고는 무부(無父), 즉 인간 삶에서 또 하나의 토대가 되는 친밀하고 긴밀한 사적 영역의 삶을 인정하지 않는 것이 되어서 거기서는 결국 효라든가 인, 의의 능력이 일깨워질 가능성 자체가 없어진다. 특히 어린 시절에는 이러한 구체적 몸적 경험이 없이는 인간성의 개화를 기대하기 어려우므로 인간성 자체가 사라질 위기에 처한다는 비판으로 해석할 수 있다.(임종수 외, 이은선, 2019, 155

쪽 이하)

우리가 스스로의 인간성(仁)을 일깨운다는 것은 한편으로는 우리 자신이 모든 것 중의 모든 것이 아니라 한계를 가진 존재이고, 누군가로부터 탄생된 존재이며 조건 지어진 존재라는 것을 아는 것이다. 우리는 혼자서 살아갈 수 없고, 세계는 다른 존재와 같이 살아가는 장이며, 그것은 곧 우리가 따라야 하는 권위(authority)가 있고 나 이전의 토대와 근거(tradition)가 있어서 오늘의 내가 있다는 것을 인정하는 일이다. 즉 그것은 오늘 21세기 극단의 자아 중심주의와 경제 제일주의적 신자유주의 시대에 다시 유행하는, '모든 것이 가능하다'(everything is possible)라는 전체주의적 사고를 내려놓는 일이고, 종교적으로 말하면 초월과 궁극(the ultimate)의 차원을 받아들이는 것을 말한다. 그런데 오늘 그런 인정과 깨달음을 가능하게 하는 전통적 종교나 형이상학의 통로와 권위가 크게 의문시된 상황에서 그래도 남은 영역이 바로 효의 영역이 아닌가 생각한다.

인간의 내리사랑은 배우지 않고 습관들이지 않아도, 그리고 다른 동물 세계와 비슷하게 쉽게 행해질 수 있지만, 위로 향하는 사랑, 보이지 않는 과거를 돌아보는 의식, 그것은 저절로 이루어지는 일이 아니므로 반복해야 하고, 본을 보고 배워야 한다. 그 본이 인간 문명과 문화인데, 그 문명과 문화의 토대가 바로 가족적 삶과 효제(孝弟)

라는 것이다. 해천의 효(孝) 신학은 한국 기독교가 바로 이러한 효 기독론의 차원을 잃어버려서 온통 개인주의적 자기 확장의 도구로 전락했다고 비판한다. 반면 한국 유교와 효 윤리는 그 효가 궁극에는 하늘에 대한 숭앙(事天 또는 孝天)과 연결되어 있다는 의식을 잃어버렸기 때문에 고루한 가부장주의 가족윤리의 한계에 머무르게 되었다고 일갈한다. 한국 유교와 기독교 두 그룹 모두에 대한 이와 같은 해천의 비판을 경청하면서도, 그러나 오늘 그 자체 안에 많은 한계와 모순도 동시에 담고 있는 우리의 효(孝) 가르침을 21세기 페미니즘의 시대에는 어떻게 다시 해석해낼지가 앞으로의 과제이다.

9.
16세기 조선에서 퇴계와 양명 만나다

앞에서 사천(事天)과 효천(孝天)으로까지 확장되는 유교 효(孝) 의
식에 대해서 살펴보았다. 그러면서 그 효를 단지 자식이나 아랫사람
이 윗사람에게 하는 실천으로서만이 아니라 그 이전, 또는 부모 세
대와 윗세대의 사랑과 돌봄이 먼저 있는 더욱 넓은 의미의 가족애(親
親) 차원에서 생각해 보았다. 인(仁)이 효의 존재근거가 아니라 오히
려 그 반대, 즉 효가 인의 존재근거가 되어서 효(가족사랑)를 경험하
면서 드디어 인간이 자신의 인간성(仁)을 깨닫게 되는 과정을 말한
것이다. 하지만 그러한 또다른 차원의 급진적인 여기·지금 중심의
관점에 대해서, 그렇다면 그와 같은 가족애를 경험하지 못한 사람이
나 세대는 결코 인간적일 수 없다는 말인가 하는 비판적 질문이 제기
될 수 있다. 특히 오늘날과 같이 전통적 의미의 가족이 해체되어 가
고, 그중에서도 지금까지 많은 부분이 여성들의 희생과 헌신, 모성의

돌봄으로 유지되어 오던 한국적 가족이 엄청난 속도로 무너지고 있는 상황에서 이 질문은 긴요하다. 그러한 입장이 자칫 또 하나의 유물론적 결정주의가 되어서 오직 후천적인 경험과 주관의 체험으로 모든 것이 환원되는 실리주의가 될 수 있기 때문이다. 또한, 그것은 여성(성)을 다시 더 옥죄는 왜곡된 모성 신화인 돌봄의 게토로 빠지게 할 수 있다. 오늘날 서구에서 큰 찬사를 받는 한국 영화 〈미나리〉나 〈파친코〉의 한국적 가족 신화가 언제까지 계속될 수 있을까 하는 질문이 나오는 이유이기도 하다.

16세기 조선 땅에서 이루어졌던 퇴계(1501~1570)와 양명(王陽明, 1472~1528)의 만남과 쟁론 안에도 유사한 논의와 질문이 펼쳐진 것을 말할 수 있겠다. 즉 어떤 후천적인 경험이나 지금 여기에서의 나라는 주관의 구체적인 참여(인식근거) 없이도 객관과 세계, 부모의 존재(理)가 그 자체로 가능할 수 있는가, 아니면 나(心/氣)야말로 그 존재근거가 되는 것이 아닌가 하는 물음을 말한다. 16세기에 이르러 주자학적 유교 전통이 조선 사회 전반에 뿌리를 내린 가운데, 그러나 1498년 무오사화를 시작으로 수차례의 사화(士禍)를 겪은 퇴계는 사화들 속에서 충분히 닦이지 못한 개인과 주관적인 마음의 난무를 보면서 어떻게든 인간 마음과 무관하고 독립적인 기준과 토대(理)를 세우고자 했다. 그런 그에게 인식과 행위의 주관적 우선성을 내

세우는 양명의 '심즉리'(心卽理, 내 마음이 곧 이치)는 용납하기 어려웠을 것이다. 그와 같은 맥락에서 퇴계는 1519년 중종 14년의 기묘사화로 처형된 정암(靜庵) 조광조(趙光祖, 1482~1519)의 행장을 쓰면서도 (1564), 그 안에서 정암이 아직 학문이 충분히 완성되지 않은 상태에서 벼슬에 나아갔고, 나아가서도 뜻이 맞지 않으면 물러서야 하는데 그러지 못했다고 지적하였다. 퇴계는 당시 "학자들의 큰 병이 자기를 버리고 다른 사람을 따르지 못하는 것"(不能舍己從人 學者之大病)이라고 밝혔고, 그 이유가 바로 더욱 명료하게 객관의 깊이와 다름의 문제를 살피지 못하기 때문이라고 본 것이다.

하지만 이러한 퇴계의 리(理) 우선성과 성찰적 삶의 강조에도 불구하고 오늘날은 우리가 더욱 잘 경험하듯이 자아의 주관적 경험과 연관되지 않는 효(孝)나 경장(敬長)의 대상(理)은 더는 그 자체로 개인 삶에서 원리나 권위로 받아들여지지 않는다. 양명은 당시 자신의 시대인 15세기 중국 명나라에서 식어 빠진 재나 죽은 고목처럼 굳어져서 어떠한 구체적인 행위의 열매를 가져오지 못하는 주자학적 리(理) 객관주의(性卽理)를 그대로 따를 수 없었다. 그 가운데서 일찍부터 학문의 목적을 참된 인간(聖人)이 되는 것으로 파악한 양명은 당시 환관 정치의 타락 등으로 매우 부패한 현실정치에 저항했고, 그 대가로 죽을 만큼 매를 맞고 오지로 귀양 보내졌다. 그곳에서 그는 그때까지 주자(朱子, 1130~1200)의 가르침을 포함해서 자신이 믿고 따랐던 모든 언어와 책과 권위가 아무런 역할도 하지 못하는 것을 보았다. 하지만 바로 그러한 막다른 골목에서 그는 바로 자신이 그토록 찾아 헤매던 궁극(太極/理)이 이미 자신 안에 내재해 있는 것을 경험했고(心卽理), 그리하여 그 궁극이 세상 존재와 행위의 토대와 출발점이 되는 것을 깨달았다.(줄리아 칭, 1998, 81쪽 이하)

한국 유교사 연구에 따르면 양명 사유가 조선에 전래된 시기는 중종(中宗) 연간(1521)이다. 처음 『전습록』(傳習錄)이 들어와서 극히 일부 학자들에게 전파되었고, 명종 대를 지나 선조 때는 상당수 지식인이 그의 사상을 접했다고 한다. 그러한 상황에서 퇴계 선생은 거의 만년에 기대승(奇大升, 1527~1572)과 사단칠정논변을 행하던 시절에 양명 비판서 「전습록논변」을 썼고, 양명의 심즉리와 지행합일 사유가 그 안에 심각한 오류가 있다고 지적하면서 전파를 막고자 했다. 앞에서도 언급했듯이 당시 조선의 정신적, 사회적 정황에서 퇴계 선생은 양명 사유가 너무 자아와 주관에 집중되어 있고, 세계의 사실과 현실(外物)로부터 소외되어 있다고 보았다. 그에 따르면 양명은 "외물이 마음에 누가 되는 것을 염려했고"(患外物之爲心累), "털끝만치라도 밖으로 사물에 관여할까 두려워"(怕有一毫外涉於事物)한 사람이다. 퇴계에 따르면 우리가 선과 악을 알아보고 판단하는 의리(義理)의 일은 정말 조심하면서 정밀하게 살펴야 하는데(愼思, 明辯),

양명이 너무 쉽게 그 배움과 판단(知)의 일을 감정(情)과 의지 실천 (意/行)의 일로 환원시켜 버린다는 것이다.(이은선, 2014, 282쪽 이하)

하지만 필자는 35년 전 유럽에서 양명을 처음 만났을 때 그 사상적 전복성과 진정성에 크게 감동했었다. 동아시아 유교 문명 안에도 그 정도의 혁명성과 실천력을 갖춘 '주체'와 '인격'의 탄생이 가능함을 보았기 때문이다. 또한, 그 가능성은 양명의 '만가성인설'(滿街聖人說, 온 거리의 사람이 모두 성인) 이야기도 밝히는 대로, 20세기 기독교 복음이 원래 뜻에서 크게 왜곡되어 다시 소수를 위한 독점과 차별의 언어가 된 것을 보고서 오히려 그것을 고칠 가능성으로 다가왔다. 하지만 시간이 지나면서, 특히 21세기에 들어와서 세계적으로 신자유주의 자본주의 문명이 극성을 부리는 가운데 지구의 동서를 막론하고 자아 욕망의 극대가 추구되는 것을 보면서 자칫 양명 사유가 빠져들 수 있는 사각지대를 알아차리게 되었다. 그러면서 주자나 퇴계의 양명학 비판이 의미 있게 다가왔다. 그렇지만 우리는 양명 사유 안에서도 그 내적 전개 속에서 초기 출발점의 과격한 주관주의가 새롭게 보완되고 극복되는 것을 본다. 예를 들어 양명이 초기 심즉리(心卽理)의 테제를 '치량지'(致/良/知)로 확장하면서 사유(知)의 측면을 다시 강조한 것, 주관을 넘어서 객관과 세계와의 관계와 상관에 다시 깊이 관심하지 않는다면 가능하지 않은 일이다. 그런데 거기서 양명이 다시 살핀 지(知)와 치지(致知)란 단지 낱개 낱개의 객관에 대한 개별적 지식 축적을 말하는 것이 아니라, 근본적으로 인간 내면에 놓인 '선한'(良) 선험적 통찰력으로서의 지적 능력, 즉 양명보다 먼저 맹자의 언어가 밝힌 '양지'(良知)에 주목한 것이다. 이것을 나는 양명이 주자나 퇴계가 제기했던 것과 같은 비판에 귀 기울이면서도 자신 고유의 길을 가고자 한 뜻이라고 이해한다.

그런데 양명이 이렇게 자신의 관점을 치량지로 변혁하면서 크게 빚진 맹자는 사실 퇴계 선생도 그의 양명 비판에서 중요한 근거로 삼았다. 「전습록논변」에서 퇴계는 양명의 지행합일설이 맹자와 대척점에 있던 고자(告子)의 "타고난 것을 성이라 한다"(生之謂性)는 설과 유사하고, 양명이 인심(人心)과 도심(道心)을 혼동했다고 비판했다. 이 비판에 대해 일면 수긍하지만, 그러나 나는 맹자가 고자와의 논쟁에서 어떤 경우에도 외물에 좌우됨이 없는 인간 심의 선험적 능력(四端)을 강조하면서 그것이 우리의 생리적 본능과 다름을 밝히려 했지만, 그러면서도 동시에 "(잘) 모르겠다"(不識)라고 대답한 것(『맹자』「고자」上 4)에 주목한다. 그것은 맹자도 세계 존재의 두 차원(理/氣, 性/心, 心/身)을 모두 포괄하여, 둘이 서로 다르지만(分開) 어떻게든 함께 연결해 보려 한 것이라고 본인은 이해한다.

이것으로써 나는 퇴계 선생도 기존의 주자학자들과는 달리 그의 리(理, 초월) 이해에서 그 역동성과 창조성을 점점 더 부각하는 가운데 '활리'(活理)나 '이기호발'(理氣互發), '이도'(理到)의 의식으로 나아간 대로, 양명에 대한 세찬 비판에도 불구하고 조선 땅에서 두 사상가가 서로 내적으로 깊이 연결되었고, 그 만남이 각자 고유한 '심학'(心學)으로 이후 한국사상사를 다양하게 채워나갔다고 보는 바이다. 이러한 이해와 더불어 앞으로의 성찰은 그 이후 과정에서 만나는 여러 사상가들을 살피는 일이 될 것이다.

10.
16세기 조선의 퇴계와 율곡, 그리고 오늘의 우리

한국뿐 아니라 전 세계가 큰 전환과 위기의 때를 맞고 있다. 코로나19 팬데믹이 가시는 듯하자 우크라이나 전쟁으로 신냉전 시대가 자주 거론되고, 미국, 중국, 러시아, 일본 등 세계 강대국들에 둘러싸인 한반도 남쪽은 특히 극심한 사회분열과 갈등 속에서 국내외 여러 난관 앞에 노출되어 있다. 그중에서도 윤석열 대통령이 당선인 시절 일본에 파견한 한일정책협의단 구성원의 면면을 보았을 때나 또한 총리 후보자나 장관 후보자의 일왕 생일파티 참석 전력 등의 소식을 들었을 때도 염려가 많았는데, 그 우려가 현실이 되었다. 이번에 살피고자 하는 한국 유교의 '쌍벽' 16세기 퇴계와 율곡의 시대에도 일본(왜)과의 관계가 문제였다. 그 일본과의 관계에서 임진왜란도 겪었고, 이후 급기야 20세기 일제 강점을 겪었지만 오늘날까지도 상황이 크게 변하지 않았다. 대략 한 세대 차이인 퇴계 이황(李滉,

1501~1570)과 율곡 이이(李珥, 1536~1584)는 생전 두 번 만났다고 한다. 1558년 58세의 퇴계는 관직을 사직하고 고향에서 조그마한 계상서당(溪上書堂)을 짓고 학문에 몰두하며 제자들을 가르치고 있었는데, 그때 22살의 율곡이 "도를 구하고자"(求聞道) 강릉 외가로 가는 길에 퇴계 선생을 찾은 것이다. 퇴계 선생은 이 만남 후에 '후생가외'(後生可畏)라고 했다는 이야기가 전해진다.

당시 퇴계는 율곡에게 "마음가짐에서는 속이지 않는 것이 귀하고, 조정에 나가는 일에서는 일 벌이기 좋아함을 경계해야 한다"고 말씀하셨다고 한다. 전편에서도 언급했지만, 퇴계는 생애 많은 시간을 사화기(士禍期)로 보냈으며, 특히 명종 즉위(1545)와 더불어 일어난 45세 때의 을사사화로 스스로도 관직을 일시 삭탈 당했고, 특히 가까웠던 넷째 형 온계 이해(溫溪 李瀣, 1496~1550)가 유배 가던 중 사망하는 참화를 겪었다. 이 을사사화를 전후한 상황을 율곡은 그의 『동호문답』(東湖問答, 1569)에서, "사람을 모조리 죽여 없애고 국맥을 끊어 버림은 을사의 화보다 심한 것이 없었다. 정순붕, 윤원형, 이기, 임백령, 허자의 오간(五姦)은 죄가 하늘에 통하였으니, … 이들 오간이 때를 타서 모략하여 살육의 참혹함으로써 그 위엄을 세우고 적몰한 재물로 그 집을 살찌게 하고는 유언비어를 지어서 임금을 속이고, 엄형으로 없는 말을 자복케 하고 여러 불량배의 무리를 집단으로 모아 그 권세를 확장하고, 일세의 충현들을 모두 반역이란 깊은 구렁에 빠뜨렸습니다"라고 고발했다. 중종 이후 인종에 이어 즉위한 명종의 외숙들(대윤 윤임과 소윤 윤원형) 사이 세력 갈등으로 야기된 을사사화로 "선비로서 지식을 다소 갖춘 이로 이 화를 벗어날 자가 없었고, … 충신은 입을 다물고 길에서 만나면 눈으로만 아는 체한 지가 20년이 되었다"라고 전한다.(이동준, 2007, 171~172쪽)

이 상황에서 퇴계는 어렵게 얻은 『주자전서』와 『성리대전』 등의 책과 더불어 특히 50세 이후로는 고향에 은거하면서 연구와 강학에 집중하며 살아가고자 했다. 율곡이 찾아왔던 1558년 11월에 대과에 급제한 기대승(奇大升, 1527~1572)도 퇴계를 찾아왔다. 그는 예전 퇴계가 서울에서 만난 추만(秋巒) 정지운(鄭之雲, 1509~1561)의 「천명도」(天命圖)를 개정한 「천명신도」(天命新圖)에 대해서 질문했는데, 여기서 시작되어 7년간이나 지속한 '사단칠정'(四端七情) 논의에서도 퇴계는 어떻게든 인간사의 모든 비참과 악, 인간 감정의 다양하고 사악한 분출(氣)에도 불구하고, 그것을 넘어서는, 또는 섞이지 않는(不相雜) 하늘적 원리(天/理)의 선험성과 선재성을 포기하지 않았다. 하지만 퇴계에게 있어서 그 선험성(太極/理)의 실재는 결코 어떤 관념적인 요청이거나 죽어 있는 원리가 아니었다. 오히려 생애 마지막 무렵 저서 『성학십도』(聖學十圖)나 『무진육조소』(戊辰六條疏)에서 잘 밝힌 대로, 그 실재는 천지의 살아 있는 "창조의 역동력"(生之性)으로,

우리 마음속에서는 깊은 "사랑의 근원"(愛之理)이며, 세상 만물이 각자 고유한 천권(天權)을 갖도록 하는 "하늘적 근거"(各具一太極)가 되어서 우리가 서로를 깊이 존중(敬)하면서도 하나가 될 수 있도록 하는 "살아 있는 영"(靈臺/活理)으로서의 경험이었다.

퇴계 연구자 이광호에 따르면, 1551년 51세 퇴계의 「계상서당서 강학을 시작하며」(淸明溪上書堂)라는 시에는 그가 하늘로부터 "천년 미래의 삶을 바로잡는 일"(此心無路訂千年)의 소명을 받은 것이 표현되어 있고, 다음 해 쓴 「입춘을 맞아」(正月二日立春)는 그의 "도통시"(道通詩)로 읽힌다고 한다.(이황 지음, 이광호 옮김, 2017, 114~117쪽) 그 도통시에는 퇴계 선생이 만물에 명령하는 하늘적 권위(理)로 선재하는 초월에 대한 깊은 존숭과 공부 속에서(居敬窮理), 책을 통해서 과거 성현들을 영(靈)으로 만나고, 자연의 매화 속에서 그 궁극자의 실재를 깊이 느끼면서 단지 관념이나 이론이 아닌 순수한 체험으로 만나는 영적 가능성이 그려져 있다. 그래서 퇴계 선생은 더는 자신 공부의 진실이 전승되지 못할까 걱정하지 않는다고 고백한다.("누런 책 속에서 성인과 현인을 마주 대하며/黃卷中間對聖賢/텅 빈 밝은 방에 초연히 앉았도다/虛明一室坐超然/매화 핀 창으로 또 봄소식을 알게 되었으니/거문고 줄 끊어졌다고 탄식하지 마라", 이광호, 117쪽)

35년 연하의 율곡은 그러나 달랐다. 퇴계는 심즉리를 말하는 양명에게 외물(外物)이 마음에 누(累)가 되는 것을 염려해서 오로지 자신의 심 안에 갇혀 있다고 비판했는데, 어쩌면 율곡은 그와 유사한 비판을 오히려 퇴계 선생에게 해 보고 싶었는지도 모른다. 율곡은 어머니 신사임당을 잃고 슬픔을 이기지 못하여 19세 때 금강산으로 입산해서, 유교 입장에서 보면 외물 중의 외물이라고 할 수 있는 불교를 공부했고, 퇴계와는 달리 기(氣)를 위주로 해서 세계를 이해하는 화담(花潭) 서경덕(1489~1546)도 공부했기 때문이다. 즉 퇴계보다도 더욱더 다양한 다른 세계와 외물을 경험한 율곡에게는 선생 퇴계가 너무 자신의 세계에만 사로잡혀 있는 것처럼 보였을 수 있고, 인간 의식(性理)에만 매달려 있는 것같이 여겨졌을 수 있다. 그래서 43세 때부터 끊임없이 그 마음공부를 위해서 사직하고 고향으로 퇴하려는 선생을 보면서 그것이야말로 "자기 한 사람의 사사로움"(一身之私)과 "지나친 겸손"(過謙)에 사로잡혀 있는 것이 아닌가 질문했다.(이광호 편역, 2013, 137쪽) 율곡은 궁극과 초월(理)을 퇴계보다는 훨씬 더 이 세상 보편과 다양성(氣) 속에 편재된 것으로 이해해서, 더욱 보편적이고 평등하고 구체적인 방식으로 이 세상의 일에 관심을 기울이고자 한 것이다.

율곡은 기(氣) 일원적인 화담처럼 리(理)와 기(氣)를 하나로 보지는 않았지만, 결코 둘이 서로 나누어지거나 선후가 있을 수 없다고(不相離) 보았다. 그래서 퇴계 선생이 말년에 호발설(互發說)이나 이도설

(理到說)을 주장하면서 리(理)의 선재성과 궁극적 다름(極尊無對)을 주창하는 것을 받아들이기 어려웠다. 율곡이 볼 때 이러한 퇴계의 인식은, 기독교 삼위일체론에 비유해 보면, 오히려 신론(理)을 모두 기독론이나 특히 성령론(氣)으로 환원해 버리는 결과를 초래할 수 있다. 그래서 율곡은 대신에, 다시 기독교 언어로 비유해 말하면, 하나님은 결코 이세상적 또는 인간적 주체성의 힘으로 '작동'(發)할 수 없지만, 세상 모든 주체성의 힘을 다스리고 치리하는 원리(理乘)로서 함께한다고 하는 "기발이승일도"(氣發理乘一途)를 내놓았다. 그 관계를 율곡은 리(理)와 기(氣)가 서로 '하나이면서 둘이요(一而二) 둘이면서 하나(二而一)'인 "리기지묘"(理氣之妙)라고 말했다.(『율곡전서』 권20, 「성학집요(聖學輯要)」2, 수기(修己) 제2上)

이렇게 율곡은 퇴계보다 훨씬 더 현실의 '다양성'(plurality)과 거기서의 리의 실현에 관심하며, 그 일을 위한 시비(是非)의 가름과 실효(實效)를 가져오는 개혁의 성취(更張)에 몰두했다. 그것은 바로 여기지금의 모든 일상과 구체적 사물(事物) 속에 초월과 진실(理/誠)이 함께한다는(不相離) 것에 대한 강한 신념에 근거한 것이다. 그래서 이제 그가 강조하는 것은 "일상의 사이와 동정의 즈음에 사리를 정밀히 살펴 중(中)을 얻을 것"이며, 시의(時宜)에 따른 바른 선택을 통해 실공(實功)과 실효(實效)를 얻는 일이다. 그 일을 가능하게 하는 출발을 그는 진실과 실제(誠)를 향한 입지(立志)로 보았고, 그래서 그 덕목을 어린 시절부터 익히는 교육을 매우 강조했다.(『擊蒙要訣』, 『학교모범』) 이 세상 다양성이 곧 하늘인 것(理氣妙合)에 대한 통찰 속에서 그는 "천하의 눈을 내 눈으로, 천하의 귀를 내 귀로, 천하의 마음을 내 마음으로 삼는" 언로(言路)의 개방과, 오늘의 의미로 하면 다중지성의 묘를 살릴 것을 강조한 것이다.(이은선, 2016, 73~74쪽)

　오늘, 문명사적으로 큰 위기를 맞이하고 있는 우리 현실에서 "천년을 바로잡을 길"을 세우고자 한 퇴계 선생의 타자와 초월에 대한 존숭과 겸양의 경(敬/孝天)은 큰 의미가 있다. 또한 당시 지독한 거짓과 사리사욕의 폭정에 휘둘려 위기에 빠진 나라를 끝까지 염려하며 구체적으로 십만양병설로 국방을 튼튼히 할 것을 간고했다는 율곡 선생의 충정과 진실을 향한 신념(誠)도 그에 못지않은 긴요한 가르침이다. 그래서 그 둘은 결코 어느 하나를 취사선택할 수 없는, 우리 시대를 위한 두 길라잡이가 된다. 끊임없이 다가오는 타자 앞에서 항상 겸허히 자신을 되돌아보면서(敬), 그러나 날마다 새롭게 진실을 향해 새로운 창조를 다짐하는 성실(誠)은 16세기 조선이 우리에게 넘겨준 두 가지 신앙 요목이라고 할 수 있다.

11.
17세기 하곡 정제두,
주자학과 양명학의 조선적 통섭

　세월호 참사가 일어나고 그해 7월에 안산 화정 감리교회를 방문할 기회가 있었다. 그 교회는 참사의 직격탄을 맞은 단원고 2학년 3반 예은 양이 다니던 곳이고, 그 가족과 엄마 박은희 전도사가 함께했던 교회이다. 총사망자 304명 중 250명이 단원고 학생이었고, 그중 한 사람도 구조되지 못한 채 세계인이 지켜보는 가운데서 서서히 수장되는 것을 바라만 보아야 했던 안산과 그 교회에 가서 무슨 말을 할 수 있을까? 깊이 고민했다. 그 가운데서 과거 유대·기독교 역사의 선지자 예레미야와 예수 시대 일이 생각났다. 그러면서 21세기 대한민국 안산에도 유사한 일이 일어난 것이라고 여겨져서 '라마, 베들레헴, 안산'이라는 제목으로 말을 건넸다. 그런데 그 안산(지금은 시흥시 화정동)이 바로 조선 17세기 저항과 은둔, 고독의 유학자 하곡 정제두(霞谷 鄭齊斗, 1649~1736) 선생이 60세까지 살면서 그의 대표작들을 지은 곳임을 알았고, 조금 뒤의 시대 성호 이익(星湖 李瀷, 1681~1763) 선생의 고장임도 알게 되었다.

앞의 글에서 살핀 대로 16세기 조선의 퇴계는 말년에 어린 왕 선조에게 『무진육조소』(戊辰六條疏, 1568), 즉 '6조목으로 올리는 상소문'을 올렸다. 거기서 그는 선조에게 지극한 사랑(仁愛)의 마음인 하늘 마음(天心)의 대리자로서 하늘을 어버이 섬기듯 섬기면서(孝天) 성군의 길을 가도록 간절히 촉구했다. 뒤를 이어서 율곡도 다가오는 왜침에 대한 우려와 사화 이후 심화하는 동서붕당에 애를 태우며 수없이 상소를 올렸고, 언로 개방과 신분제의 고통(서얼차별)을 덜어주는 등의 여러 혁신책을 제시하며 난국을 타개해 나가고자 호소했다. 하지만 16세기 중엽 이후 조선은 임진왜란과 병자호란 등의 큰 외침과, 내부적으로는 광해군의 폭정과 인조반정(1623) 등을 겪으면서 극도로 피폐해졌고, 그 가운데서 학문과 학설이 곧 현실 정치와 직결되면서 사상은 더욱 경직되어 갔다. 하곡은 이런 정황에서 당시 조선 주류의 주자학에 반하는 양명학을 만났고, 20세 이후 그에 심취해 갔다. 고려말 충신 정몽주(鄭夢周)의 11대손인 하곡은 그러나 주변 스승이나 선배, 친구(박세채, 최석정, 윤증, 민이승)들로부터도 이해받지 못했고, 그 가운데서 34세 때인 숙종 8년(1682)에는 유서를 써야 했을 정도로 건강을 크게 상하면서도(「壬戌遺敎」) 불철주야 대안의 길을 가기 위해서 분투했다.

하곡은 그렇게 학자들이 큰 노력을 들여서 경서(經書)를 통해 지식을 구하고 대의명분을 구하지만, 그런 모든 것이 결국 예송(禮訟)과 당쟁을 통해서 기득권 확장 싸움으로 치닫는 것을 보면서 그러한 사상과 풍조에 함께할 수 없었다. 그런 공부는 그에게는 근본을 뒤로 하고, 마음을 밖으로 달리며 돌아보지 않고, 앎과 실천을 둘로 나누며 눈앞의 공(功)만을 따지는 것으로 보였다.(『신편 국역 하곡집』 1, 297쪽) 그 가운데 특히 주자가 물(物)에서 리(理)를 구한다고 하는 격물론(格物論)을 의심하면서 그대신 하곡이 주목한 언어는 "생리"(生理)였다. 그것은 주자학에서 제일 관건이 되는 리(理) 자(字) 앞에 '살아 있는' 또는 '낳고 살리는' 뜻의 '생'(生) 자를 넣는 것이다. 그럼으로써 리(理)가 단지 어떤 형이상학적 이념이나 추상의 절대자로서 나와 상관없는 세상에 외재하는 것이 아니라, 우리 모두의 안에 "생명적 근본 힘과 뿌리"(生身命根)로서 역동하고 창조하는 살아 있는 "생신"(生神)으로 내재하는 것을 깨달은 것을 말한다.

매우 중층적인 의미의 언술이다. 최근 하곡 연구에 따르면 하곡은 중국 송대 유학이 주목한 생(生)과 생리(生理), 또는 성(性)과 관련해서 생과 생리를 동일시하면서 고자(告子)의 '생지위성'(生之爲性, 타고난 것이 곧 성이다)을 적극적으로 수용한 정명도(程明道, 1032~1085)나 왕양명을 따른 것이다.(박길수, 2022, 33쪽 이하) 즉 하곡은 당시 조선 주류의 주자학적 이기론과는 달리 리(理) 대신 생리(生理)를 내세움으로써 인간 정신력(理)의 신체적 토대성(生氣)과 그 정신의 살아 있는 역동성(生神)을 더욱 드러내고자 한 것을 말한다. 오묘하게도 퇴계 선생의 '활리'(活理)가 생각나기도 하는 대목이다. 하곡의 생리 이해를 보면 그는 어린이가 어머니 배 속에 있을 때는 다만 순수한 기(氣)일 뿐이라고 한 양명의 말을 받아서 "이 한 점의 순수한 기(氣)는 오직 생리(生理)이며, 이것이 리(理)의 체(體)이고, 신(神)의 주재자(主)"라고 응답했다.(『신편 국역 하곡집』 3, 「존언(存言)」上, 143쪽) 하곡에 따르면 이 생리가 "곧 (인간의 본)성"(所爲性也)이고, 여기서 더 나아가서 이 생리로 인해서 『주역』 계사전의 "천지의 큰 덕은 生(생)이다"(天地之大德曰生)라는 말이나 『맹자』의 "본성은 선하다"(性善), 또는 『중용』의 "하늘이 명한 것이 性(성)이다"(天命之謂性)라는 말도 나온 것이다. 심지어는 노자의 "불사"(不死)나 석가의 "불멸"(不滅)도 여기에 근거한 것이라고 밝힌다.

하지만 하곡의 리(理) 이해는 여기에 머물지 않았다. 그가 생리라는 말로 인간 본성(性/理)과 마음(心), 그리고 몸(身)을 좀 더 통섭적으로 함께 연결하여 파악하고자 했지만, 이른 시기부터 그가 따르는 양명학 안에 "임정종욕"(任情縱欲, 감정에 맡겨 인욕을 방치한다)의 폐해가 있음을 알아차렸다. 그래서 그는 다른 한편으로 주자나 조선 성리학이 생과 생리, 또는 성을 동일시하지 않는 것을 따르면서 생리 안에서 다시 "진리"(眞理)를 구별하고자 했다. 즉 그는 주자 성리학이 본연지성(本然之性)과 기질지성(氣質之性)을 나누듯이 다시 생리, 곧 몸의 생신(生神)에는 참된 것(眞)과 망령된 것(妄)이 있음을 발견하고, 거기서 참된 신(神), 참된 리(眞理)를 분별해내야 하며 그 분별과 판단이 진정 성(性)을 높이는(存性) 공부라고 강조했다. 그는 말하기를, "리(理)와 성(性)은 생리일 뿐이다. 대개 생신(生神)을 리라고 하고 성이라고 하지만, 그 성의 본래에서는 스스로 있는 참된 본체가 성이고 리다. … 그러므로 모든 리 가운데서 생리를 주로 하고 생리 가운데서 진리를 택하여야 리가 될 수 있다"(「存言」상 95)고 했다. 이것은 마치 기독교 신앙에서 추상적 원리나 이론으로서의 하나님(神)이 아니라 살아 있는 영(靈)으로서의 하나님을 강조했지만, 그러나 거기서 다시 그 영의 분별을 말한 것과 유사하다. 즉 우리가 받은 영을 분별하는 공부를 말하는 것인데, 소위 성령(聖靈)으로부터 악령 또는 더러운 영을 구분해 내는 일인 것이다. 그렇게 해서 이 분별은 곧 새롭게 우리 삶에서의 지속적인 자기 수련과 공부(學), 공동체적 권위, 예(禮)나 경(經), 고전과 경학(經學) 공부의 물음을 다시 야기하는 것을 지시한다. (이은선, 2016, 152쪽)

하곡은 61세 때 장손을 잃는 슬픔 가운데 안산에서 더 외진 강화도 하곡으로 옮겨갔다. 거기서 "진정 자기 마음의 시비를 다하고, 남이 내린 시비나 사물의 현상에 휘둘리지 않으면서” “사물의 근본에 충실하고 진실하도록”(致其實於事物之本)하는 ‘실심실학’(實心實學)의 길을 가는 데 몰두했다. 이것은 큰 고독과 소외 속에서도 세상에 대한 깊은 사랑과 인간 가능성에 대한 믿음 속에서 조선 유학자 고유의 언어로 주자학과 양명학의 공부법을 통섭하고자 한 것으로 이해할 수 있다. 그래서 그의 길은 양명에 대한 단순한 추종이 아니라 주자학의 문제의식을 매우 고유하게 한국적으로 계승하고 발전시킨 것으로 읽힌다. 그의 살아 있는 리(理)에 대한 믿음은 이후 특히 강화에서 가학(家學)으로 전수되어 여러 근대 학문적 발전의 토대가 되었고, 서학이나 한국 개신교를 위한 좋은 교량 역할을 하였다.

나는 하곡의 ‘생리’(生理)를 아렌트의 ‘탄생성’(natality)과 비교하면서 그 두 개념이 유사하게 인간이 이 세상에 태어나면서 어떤 경우에도 무시되거나 부인될 수 없는 천래의 인권을 지시하는 언어가 되는 것에 주목하였다. 21세기 AI 시대에 이제 더는 어떠한 외부적인 초월적 권위나 형이상학에 기대서 그러한 권리를 주장할 수 없게 된 상황에서 이 생리야말로, 즉 태어났다는 사실 자체(탄생성)가 인간 내재적으로 그러한 권리를 내포하는 것을 선언하는 것을 말한다. 그러면서 오늘 우리 땅에서 바로 그 생리에 근거해서 누구보다도 성실하고 진실하게 살아온 구체적인 한 여성의 삶을 예시했다. 한국 전쟁 고아로서 초등학교도 마치지 못하고 평생 몸의 수고로 살았지만 누구보다도 성실하게 자기 가족을 일구며 진실과 배움, 앎을 추구하면서 건강한 몸과 마음으로 생명을 낳고 주변을 살려온 이애순(李愛順, 1941~) 여사의 삶을 말한다.(이은선, 2016, 138쪽 이하) 이런 의미에서도 여성들의 매달의 '달거리'(월경, menstruation)가 지금까지 살펴본 하곡이 강조한 생리(生理)와 같은 단어로 표현된다는 것이 매우 의미 있다고 언급했다. 그것은 곧 지금까지 가부장주의 남성 의식에서 더럽고 속되며, 정신과는 거리가 먼 몸의 일이라고 치부되어 온 그 달거리(생리)가 바로 온 우주와 인간을 살리는 영적 토대라는 것을 지시해 주는 것이라고 본 것을 말한다.

12.
18세기 성호 이익, 조선의 주체성과 실학으로서의 성리학

    앞의 글에서 17~18세기의 하곡 정제두가 양명학적 관점의 '생리'(生理)로 조선 성리학을 혁신하고자 한 것을 살펴보았다. 임·병 양란(兩亂) 이후 점점 더 심해지는 붕당과 당쟁 아래서 경직되는 학문과 사회에 대한 대응이었다. 그렇게 마른 나무와 불기 없는 재(枯木死灰)가 아니라 살아 있는 하늘기원의 생명력(生理)으로서 내재하는 정신력(理)은 한 인간을 그저 남이 하는 대로 따라 하는 비주체나 수동의 상태로 놔 두지 않는다. 하곡보다 대략 한 세대 뒤, 그 하곡이 살았던 안산에서 생애 거의 전부를 보낸 성호 이익(星湖 李瀷, 1681~1763)을 추동한 것도 바로 그러한 영적 힘(性理)이었다고 본다. 성호 이익의 서술은 1930년대 일제 강점기의 암울한 시기 조선의 얼을 되살리려는 민족주의자 정인보(鄭寅普, 1892-?)에 의해서 햇빛을 보게 되었다. 성호는 조선 후기 영·정조 시대 경기도 남부 지방(近

畿)을 중심으로 경세치용의 실학 학풍을 일으킨 사상가로 일컬어진다. 헛된 명분과 거짓 대의(大義)의 불평등한 신분제 사회와 외세에의 종속을 개혁하여 도탄에 빠진 민중의 삶을 구원하고자 하는 간절함으로 가득 찼던 그의 등장으로 조선 성리학은 또 다른 전기를 맞이한다.

우선 성호는 그때까지 조선이 '붉은 돼지'로 칭하며 한없이 폄하했던 만주족이 명나라를 멸망시키고 천하의 주인이 되는 것을 보았다. 그런데도 조선이 시세(時勢)의 변화를 인식하지 못하고 중국 한족(漢族) 중심의 화이론(華夷論)과 존명(尊明)사대에 빠져 있는 상황을 매우 안타깝게 여겼다. 그는 조선(東國) 역사의 흥망성쇠를 살피면서 그 전개 과정을 재구성하려는 노력을 아끼지 않으며 '단군조선'에서부터 시작하는 조선 나름의 역사적 정통성을 세우고자 했다.(「三韓正統論」) 그는 역사에서 사실(事實)을 단순히 선악의 관점에서만 바라보는 도덕사관에 반대했고, 명나라를 위해서 북벌까지 주장하는 사대주의자들이 얼마나 비겁하고 기만적인가를 다음처럼 지적했다: "오늘날 중국이라는 것은 대륙 중의 일편토(一片土)에 지나지 않는다. 정자(程子)의 말에 일신에도 또한 하나의 시작과 마무리(乾坤)가 있다고 말하였는데 한 나라에도 마찬가지이다."(『성호사설』).

성호는 조선이 명나라에 간 것을 외국에 간 것으로 서술하지 않고 마치 지방에서 서울에 간 듯이 서술하는 방식("朝于京", "如京師")을 맹렬히 비판하였다. 특히 『삼국사기』에 대해서 대부분 중국의 기록을 중시하고 우리나라 기록을 불신하여 사실을 혼란시켰다고 보면서 "이를테면 야인들이 스스로를 믿지 아니하고 서울의 것이면 사실이라고 믿어서 왕왕 웃음거리로 되듯이 모름지기 잘 변별하여 보아야 한다"(『星湖先生全集』 권27, 이우성·강만길 편, 송찬식, 2014, 378쪽)고 일갈한다. 성호 이익의 이러한 역사관은 그가 벼슬길을 포기하고 뚜렷한 스승을 만나지 못했어도 대사헌을 지내고 연경에서 수천 권의 책을 사 온 아버지 이하진(1628~1682)이 남겨 놓은 서책과 서학서 『천주실의』, 『직방외기』, 『칠극』 등을 통해서 가능해졌다. 그는 학자로서 과거 선현들의 해석과 기존의 학설을 그대로 따르는 태도를 강력히 비판했는데, 제자들에게 "스승을 섬기는 데 의문을 숨길 수 없다"(事師無隱)라는 원칙에 따라 공부할 것을 당부했다. 『논어』 조차도 의심하면서 봐야 한다고 했으며, 그렇게 회의와 자득으로 얻어진 내용을 서로 존중하면서 토론하고 보충해 가는 가운데 기성의 학문 체계를 넘어서는 새로운 학문, 즉 진정 조선 공동체의 삶에 도움되는 열매를 가져오는 '실학'(實學)을 얻을 수 있다고 보았다.(원재린, 2011, 216쪽)

성호 이익의 성리학은 보통 퇴계의 이기설(理氣說)을 잇는 것으로 여겨진다. 하지만 그의 사단칠정론(四端七情論)은 독창적이었고 현실적 인간을 중시했다. 그는 사단(惻隱·羞惡·辭讓·是非)과 칠정(喜·怒·哀·樂·愛·惡·欲)을 모두 감정(情)으로 보지만, 거기서 서로 유사해 보이는 두 감정, 예를 들어 사단의 가엾게 여김(惻隱)과 칠정의 슬퍼함(哀), 또는 사단의 수오(羞惡)와 칠정의 오(惡)를 분명히 구별하는데, 그 구별의 잣대를 현실적 인간 삶에서 긴요하게 적용될 수 있는 "공사"(公私)라는 개념으로 제시한다. 즉 사단에서 슬픔이나 분노를 일으키는 대상은 (자기 외부의) 사물인바 그것은 '공'(公)의 일로 선하지만, 칠정의 경우는 일으키는 대상이 자신과 관련한 '사적'(私的)인 것으로 형기로 인해 사사로워지므로(形氣之私) 항상 선할 수 없다는 것이다. 그러나 이 칠정에서도 그것은 누구라도 배우지 않고도 가능한 것이고, 그에 더해서 맹자나 순임금과 같은 성현(聖賢)의 사적 감정은 치우치지 않은 공정한 것(私中之公)이 될 수 있다는 사실에 주목한다. 그리하여 그것을 만인이 공통(共通)으로 공감(共感)할 수 있으므로 성호 이익의 관점에 따르면, 인간의 감정은 한 사회 공동체의 공정한 보편적인 도덕 판단력이 될 수 있다.(하나, 2021, 39쪽 이하)

이것은 매우 의미 있는 발견이다. 특히 오늘날 서구에서 칸트 『판단력 비판』(1790)에 이어서 인간 감정의 원초적인 표현인 미감(味感 또는 美感, taste)을 인간 공통적 상식(le bon sens)이나 공통감(共感,

common sense)으로 보고자 한다. 인간 감정의 미감을 한 공동체의 정치나 윤리의 보편적 판단 기준으로 제안하는 것을 말한다.(한나 아렌트, 2005, 293쪽 이하) 18세기 조선에서 이미 칸트보다도 먼저 성호 이익에 의해서 그와 유사한 주장이 제기된 것 같다. 하지만 당시 유럽계몽주의 시대나 조선 신분제 사회 모두에서 그 적용은 어려웠을 것이다. 그때 일반 민중의 마음과 감정은 물론이려니와 성리학자들의 경우도 그 전개에 한없이 못 미쳤을 것이기 때문이다. 그러나 오늘날은 보통 사람들 각자의 감정이 중시되고 강조되는 개인주의와 주관주의의 시대가 되었으므로, 한 개인의 잘 닦여진 감정, 즉 그 '공공성'(公共性) 여부에 따라 선악을 판단하는 일은 유의미하고 긴요하기까지 하다고 생각한다.

성호 이익은 퇴계 선생을 매우 존숭했다. 그래서 그는 선생과 그 문인들의 글 중에서 인격 수양에 긴요한 글들을 모아서 『이자수어』(李子粹語)라는 책으로 펴냈다. 여기서 '이자'(李子)란 퇴계 선생에 대한 지극한 존칭이다. 이때까지 중국 성현들에게는 '자'(子)를 붙여서 존경을 표한 예(증자, 맹자, 주자, 정자 등)가 많았다. 하지만 우리 학자들에게는 없었는데 조선의 자주성과 주체성을 강조한 성호가 퇴계 선생을 이자(李子)로 호칭한 것은 조선인의 자의식 전개에서 큰 진보라 여긴다. 이러한 자(子)에 대한 자각은 마치 서구 기독교 그리스도론에서 지금까지 2천 년 전 유대인 청년 예수민을 인자(人子)라는 호칭의 유일한 '그리스도'로 그려 왔던 일을 넘어서, 오늘날은 '여성 그리스도', '흑인 그리스도', '아시아인 그리스도' 등 '복수'(複數 plural)의 그리스도를 말하는 것에 견주어 볼 수 있다. 인간 누구나 배우지 않아도 지니는 기질의 감정을 보편적 도덕 감정과 기준이 될 수 있다고 토로할 정도로 열려 있고 공동체적이었던 성호 선생은, 그런 맥락에서 자신의 학문으로 진정 시대의 민중들을 돕고자 한 것이라고 여긴다. 그래서 그는 율곡 이이와 유형원 등의 경세치용의 학풍을 존숭하면서 양반도 생업에 종사할 것을 역설했다.(土農合一) 자신도 온 정성으로 농사도 짓고 닭도 기르면서 당시 양반 지주들의 토지 겸병에 따른 농민 경제 붕괴를 크게 염려했다. 그에 대한 방책으로 양반 대토지 지주세력의 격렬한 반발을 무마하면서도 농민들에게 실질적 도움을 주고자 일정한 규모 이상의 토지 소유를 금하고, 초과분에 대해서는 매매하게 하면서 나라에서 세금을 감면해주는 '한전법'(限田法)을 주창했다. 마치 오늘 21세기 한국 땅에서 일어나는 부동산 투기 광란에 따른 민생파탄을 잠재우기 위해 고육책을 찾으려는 고투와 같이 느껴진다. 그것을 그는 당시 불의한 신분제도에도 주목하면서 천인(賤人)에게도 과거를 개방하고 그들을 양인으로 만들 여러 방안을 제안했는데, 진정 시대를 크게 앞선 민주정신의 발로라고 생각한다.

그렇다면 오늘 우리 시대에서는 누가 그때의 양반 지주처럼 호의호식하면서 민중의 배고픔과 뿌리뽑힘, 차별의 참상을 외면하는 사람들인가를 부끄럽게 물어야 할 것이다. 기독교 대형교회의 성직자들, 기득권 정당의 국회의원, 말과 진리를 독점하고 있는 대학교수들, 건물과 땅으로 무한정 배불리는 임대 지주 등, 오늘날 세계 신냉전주의가 다시 고조되면서 새 정부 아래서 한반도의 안위와 주체가 크게 위협받는 현실에서 18세기 성호 이익의 사유와 대안은 그래서 아직도 우리 사회를 위해 간직한 것이 많은 보물함 같다. 신후담(愼後聃, 1702~1761)이나 안정복(安鼎福, 1712~1791), 권철신(權哲身, 1736~1801), 정약용(丁若鏞, 1762~1836) 등이 그 보물함을 여는 데 힘썼던 후예들이다.

13.
18세기 조선 성리학 여성 주체를 일깨우다, 임윤지당의 삶과 사유

앞의 글에서 성호 이익의 삶과 사상을 통해서 18세기 조선 성리학이 중국에 대한 오랜 속국 의식에서 벗어나서 자신의 독자적인 역사 인식과 주체적인 학문 방식을 찾아간 것을 살폈다. 조선 성리학사에서 이와 유사한 주체의식의 전개가 국가의식만큼이나 기초적이고 포괄적인 성(性) 인식에서도 일어났다. 바로 18세기 조선의 여성 성리학자 임윤지당(任允摯堂, 1721~1793)으로부터 분명하게 표현된 조선 유교 여성들의 도덕적, 윤리적 주체로서의 여성적 자각을 말한다. 그런데도 유교 가부장주의나 (여)성억압적 차별의식은 오늘날까지도 지속되어서 그 악명을 떨쳐내지 못하고 있다. 21세기 디지털 문명 혁명 현실에서, 지금까지 실재했던 많은 차별과 분리가 크게 해체되고 있는데도 전통적 성차별은 잘 가시지 않아서 특히 여성들에 의한 유교 포비아는 여전하다.

유교에 씌워진 '반(反)여성주의' 이름은 맞기도 하고, 한편 과한 것이기도 하다. 한국 여성사 전개를 말할 때 보통 고려 시대에는 여성들의 이혼과 재혼이 훨씬 자유로웠기 때문에 여성의 지위가 조선시대보다 더 높았다고 주장되곤 한다. 또한 조선 중기까지도 이어진 자녀 간 재산 균분 상속 제도도 종종 유사한 근거로 거론되곤 한다. 하지만 그 속사정을 더 들여다보면 고려 시대 혼인은 중혼의 폐해가 심했고, 근친혼의 풍습도 늦게까지 사라지지 않았다. 조선 시대 일부일처제가 강조하는 처(안방)의 권리가 세워지지 않아서 남성들이 조그마한 정치적, 물질적 이익 앞에서도 쉽게 처를 버리고 다른 여성과 이중 삼중으로 혼인을 맺기가 쉬웠다고 한다. 당시 여성 혼자서 독립적인 생활을 누리기 어려웠던 사회경제적 여건 아래에서 그러한 손쉬운 이혼은 여성에게 도리어 불리하게 작용했을 수 있다. 거기서 경제력이 뒷받침되지 않는 집안의 여성들은 쉽게 버림받을 위험에 노출되는 것이 예견되고, 실제 그러한 사례가 비일비재했다.(이은선, 2003, 188쪽) 재산의 균등분할도 16세기 후반과 17세기 후반의 큰 인구 증가로 효율적인 식량 공급을 위해서는 토지가 더는 작게 나뉘어서는 안 되었으므로, 출가한 딸에게까지 계속해서 상속하기 어려운 시대적 한계가 있었을 것을 생각해 볼 수 있다.(Martina Deuchler, 1995, p.225) 이러한 모든 정황은 인류 문명의 가부장주의 시기를 단지 양성 대결적 성 갈등의 차원에서만 이해하는 것은 많은 한계가 있다는 것을 보여준다.

　임윤지당은 조선 후기 율곡 이후 '인물성동이'(人物性同異) 논쟁과 관련해서 한 독자적인 길을 간 녹문 임성주(鹿門 任聖周, 1711~1788)의 여동생이다. 당시 여성들이 글을 읽고 쓰는 문해력으로부터 거리가 멀던 시기에, 그녀는 어린 시절부터 인간의 도덕적 본성(性)과 마음(心)에 대한 새로운 이해를 추구하는 오빠 임성주에게 글을 배우고 유교 경전과 역사책을 학습하였다. 임성주는 앞에서 하곡 정제두나 성호 이익 등의 추구에서도 보았듯이, 율곡 이후 조선 후기 성리학 전개에서 핵심적인 쟁점으로 떠오른 인간 본성의 '자발성' 확보 문제에 깊이 관여한다. 그는 그와 연결된 세계(物)와의 관계 설정 물음(인간의 본성과 동식물을 포함한 만물의 본성이 같은가 다른가, 人物性同異論)에서 종래의 관념론적 추상적 이해를 과감히 뛰어넘고자 했다. 본성(性)에 대한 관심보다는 여기 지금의 마음(心)에 훨씬 더 집중하면서 리(理)와 기(氣)를 동체로 보았다.(理氣同實) 또한 그것이 인간 현실에서 표현되는 심성론에서도 본성과 마음을 하나로 파악하면서(心性一致) 마침내는 성인(聖人)과 평범한 범부(凡夫)의 마음이 모두 한 가지로 선한 도덕적 능력을 지닌 것을 강조했다.(聖凡心同)

　여덟 살 때 아버지가 돌아가시고 오빠로부터 각별한 사랑을 받으면서 학문을 배웠던 임윤지당은 그러한 오빠 임성주의 세계 이해를 잘 받아들였다. 하지만 임성주, 임윤지당, 막내 임정주(任靖周, 1727~1796)로 연결되는 녹문가의 학문에서 그녀가 오빠의 학문을 단지 그대로 답습한 것은 아니라는 평가를 받는다. 오히려 임성주의 심성론보다 여기 지금의 구체적 마음(心)의 선한 능력(天地生物之心)에 대한 강조로 모든 사람의 평등한 윤리적 실천 능력을 훨씬 더 명료하고 단순하게 확보했다는 평을 듣는다.(한국사상사연구회 편저, 김현, 1996, 426쪽)

> … 아아! 내 비록 부인이기는 하지만, 부여받은 성품(性)은 애초에 남녀 간에 차이가 없다. 안연이 배운 것을 배울 수는 없다 해도, 성인(聖人)을 앙모하는 뜻은 간절하다. 그러므로 간략히 소견을 펼쳐 여기에 서술하여 나의 뜻을 덧붙인다.(『국역 윤지당 유고』, 158쪽)

조선 사회에서 여성으로서 이와 같은 성인지도(聖人之道)를 향한 간절한 마음과 분명한 자각을 가지고 비록 남성들처럼 자신의 공부를 모두 드러내놓고 할 수는 없었지만, 그녀는 틈틈이 자신의 깨달은 바를 글로 적어나갔다. 사후에 남동생과 시동생에 의해서 유고로 정리되었는데, 그 유고가 조선 여성에 의한 본격적인 성리학서로 전해졌다.

윤지당은 19세에 원주 선비 신광유(申光裕)와 혼인했지만 8년 만에 사별했고, 난산 끝에 낳은 아들이 어려서 죽자 양자를 들였으나 그 아들도 그녀가 40세 때 먼저 떠나보내는 고통스러운 삶을 살았다. 생가와 양가의 두 시어머니를 모시면서 47세 때 집안의 큰어른이 되어서 모든 가사를 처리해야 하는 고단한 삶이었다. 하지만 그녀가 밤 시간을 이용해서 쓴 「이기심성설」(理氣心性說)이나 「인심도심사단칠정설」(人心道心四端七情說), 「예악설」(禮樂說), 「극기복례위인설」(克己復禮爲仁說) 등은 당시 조선 지성 세계의 모든 주요한 안건들을 한 자리에서 논한 논설문들이다. 이러한 저술들에서 그녀는 여러 차원의 성찰과 논의를 거듭하면서 어떻게든 이기묘합(理氣妙合)하고, 심성불리(心性不離)인 전일적 사고를 유지하려고 하였다. 그것은 여성으로서 현실을 살아가면서 훨씬 더 경험적으로 겉과 속, 현실과 본질, 세상과 이상의 연결을 간파한 모습이라고 할 수 있다. 그것이야말로 『중용』 20장의 언술대로 "성취하면 똑같이 된다"(及其成功一也)의 의미라고 그녀가 제일 중요하게 강조한 것이 두드러진다.

그녀는 중국 역사 인물 중에서 특히 안연을 좋아하였고, 안연은 스스로의 노력으로 99퍼센트 성인의 경지에 이른 사람이었다고 밝힌다. 그 안연처럼 사람들이 각자에게도 요순과 같이 지극히 선한 성품이 있는 줄 알고 힘써 배워서 같은 점은 확충하고 다른 점은 변화시키는 것이 가장 중요하다고 설득하려 했다. 그런 면에서 윤지당의 인물성론은 오빠 임성주의 주장과는 달리 동론(同論)에 더 가깝다

고 평가받는다.(이은선, 2009, 118쪽)

　윤지당은 『중용』을 깊이 연구하여 「중용경의」를 지었다. 이미 인간 심을 '천지생물지심'(天地生物之心, 천지가 만물을 낳고 기르는 마음)으로 파악한 그녀는 마지막 총론에서 『중용』이 총체적으로 의미하는 것은 "'도에서 가히 떠날 수 없다'라는 뜻을 밝힌 것이다"라고 결론짓는다. '홀로 있을 때를 삼간다'(愼獨)를 "만사의 핵심"이라고 하고, 그것이 "성현의 학문에서 시종을 꿰뚫는 대목"이라고 지적한다.(『국역 윤지당 유고』, 230쪽) 오빠 임성주도 『중용』을 중시하여 홀로 산에 들어가 50일간을 은거하며 해설서를 냈다고 한다. 특히 16장의 귀신의 덕에 관해서 관심이 지대했고, 그녀도 16장을 해석하면서 귀신을 이기(理氣)의 어느 편에 속하는 것으로 보는가의 질문에서 먼저 리(理)로 보는 것이 옳은 것 같다고 대답했다. 하지만, 그 "은미하고 광대함"(費隱) 앞에서 후일의 연구에 대비하고 진리를 아는 자를 기다린다고 고백한다.(『국역 윤지당 유고』, 219~220쪽)

　그녀의 『중용』 이해는 20장 후반부터 나오는 '지극한 정성은 신과 같다'(至誠如神)의 성(誠)에 대한 통찰로 이어진다. 그러한 통찰들은 '도에서 떠날 수 없다'는 명제와 잘 일치하면서 18세기 조선 여성에 의해서 구현된 극진한 성실과 지속성, 진실한 실심으로서의 성(誠)의 영성을 드러내 주는 것으로 이해할 수 있다. 이것은 한 여성이 수

많은 역할 속에서 지난한 삶을 살아가면서도 그러한 삶의 모든 부분에서 일상의 일이 결코 도를 실현하는 일과 다르지 않고, 그래서 자신은 한순간도 도에서 떠날 수 없음을 깨달았다고 하는 '극고명이도중용'(極高明而道中庸)의 유교적 종교성을 극진하게 표현한 것이라고 나는 이해한다.(이은선, 2009, 131쪽) 그래서 여느 남성의 그것보다 덜하지 않은 유교 성인지도(聖人之道)의 진정한 실행이었음을 말할 수 있겠다. 그렇게 한 사람의 '사유하는 집사람'으로서 이룩한 유교 성인지도의 종교성과 영성의 예는 그녀 사후 50여 년이 지나서 또 다른 여성 선비 강정일당(姜靜一堂, 1773~1832)에게 전수되는데, 다음 편에서 그것을 계속 살피면서 오늘 페미니즘 시대에서 그 의미를 생각해 보고자 한다.

14.
사유하는 집사람 강정일당의
유교 종교성과 페미니즘

앞글에서 18세기 여성 선비 임윤지당의 삶과 사유를 통해서 어떻게 조선 유교 전통에서 도덕적 윤리 주체로서의 여성 의식이 일깨워졌는지 살폈다. 이번에 만나는 또 다른 여성 선비 강정일당(姜靜一堂, 1772-1832)은 윤지당보다 50여 년 후에 태어났지만, 집안에 전해진 윤지당 유고를 통해서 그녀를 흠모하게 되면서 같은 길을 가고자 하는 강한 소망을 품게 되었다:

"윤지당께서 말씀하시기를, '나는 비록 부인이지만, 하늘에서 받은 성품은 애당초 남녀의 차이가 없다' 하셨고, 또 '부인으로 태어나 태임과 태사로 스스로 기약하지 않는 사람들은 모두 자포자기한 사람들이다'라고 하셨습니다. 그렇다면 비록 부인들이라도 유위(有爲)할 수 있다면 성인(聖人)의 경지에 이를 수 있습니다. 당신은 어떻게 생

각하십니까?"(『국역 정일당 유고』, 90쪽)

정일당은 조선 문장가 강희맹의 후손으로 인물성동이론(人物性同
異論) 논쟁의 권상하 집안 외손이지만, 집안이 매우 어려웠다. 20세
때 충주 선비 윤광연(尹光演, 1778-1838)과 결혼했으나 그의 집안도 빈
한하여 그도 공부를 많이 하지 못했다. 그러나 정일당의 어머니 권
씨 부인은 사위를 처음 만났을 때 공부한 것을 물으며 "만약 직접 체
득하여 실천하지 않으면 헛되이 공부한 것"이라고 지적했고, 당시
시문으로 이름이 높았던 시어머니 지일당(只一堂)은 며느리에게 "가
난이란 보통으로 있는 것이다. 언제나 명에 맡기고 절대로 걱정하지
마라"라고 충고했다고 한다. 정일당은 이렇게 남다른 환경에서 어머
니들의 가르침을 평생 잊지 않았고, 지극한 효도와 공경으로 살림하
면서 젊어서 가난한 집안 형편으로 학문에 힘쓸 수 없었던 남편에게
성학의 공부를 간곡히 권했고, 자신도 곁에서 삯바느질하며 남편 글
소리를 들으면서 공부했다:

"서늘한 기운이 들어오는 것을 보니 이는 바로 등불을 가까이할 때
입니다. 바라건대 손님을 접대하고 일을 보시는 등, 부득이한 경우
외엔 오직 독서에 마음을 쓰십시오. 저도 역시 바느질하고 음식 장
만하는 여가나 밤에 글을 읽을 때 독서를 하며 연구할 계획입니다.

전에 사서를 읽으면서 『맹자』 뒷부분 3편을 아직 끝내지 못하였습니다. 그러나 오래지 않아 끝낼 것입니다. 겨울부터는 당신과 함께 『주역』을 공부할 수 있을 것 같긴 한데 만약 손님이 오래 머물면 할 수 없을 것입니다. 얼마 전 세마(洗馬) 김헌(金憲)께 편지 보내 『시경 대전』과 『서경 대전』을 빌려주실 것을 허락받았습니다."(『국역 정일당 유고』, 86쪽)

이들 부부는 5남 4녀를 낳았지만 모두 어려서 죽는 고통을 감내해야 했다. 그 가운데서도 정일당은 각고의 노력으로 남편을 따라 학문에 정진하여 경전을 한 번 살피고는 곧장 암송하였고, 그런 방식으로 유교 13경을 두루 읽으면서 깊이 침잠하여 생각하였다. 원래 10여 권의 저술이 있었다고 하는데 모두 유실되었고, 사후에 남편이 한 권의 유고집으로 엮어낸 것이 있다. 따라서 그녀의 학문 체계를 뚜렷이 알 수는 없지만, 높은 도학적 경지의 시문들, 성인(聖人)의 도를 함께 찾아가는 도반으로서 사랑방 남편에게 때때로 생각을 적어 보낸 쪽지문들, 사후에 여러 사람이 그녀에 대해 지은 행장과 남편이 매번의 존경과 사랑으로 남긴 제문들에서 그 삶과 사유가 어떤 경지에 올랐는지를 알 수 있다. 그녀는 평생 가난한 선비의 아내로 한결같이 부모를 봉양했고, 제사를 받들고 손님을 접대하고 바느질하고 밥하고, 상(喪)을 치르며 질병을 간호하는 가운데서도 '사유하는 집사람'으로서 특히 예법에 대한 깊은 관심을 가졌다. 그러한 정일당에 대해서 한 만장은 "한양성 남쪽 여성 선비있으니… 3천 가지 예법에 모범이 되었고….".라고 썼다.

　정일당은 인간의 도리란 자신을 갈고닦는 학문의 길에 있음을 누누이 강조했다. 남편이 분주히 다니며 장사하는 일을 "의를 버리고 생계를 도모하는 일"이라고 지적하며 그것이 "도를 들으면서 가난을 편히 여기는 것만 못하다"라면서 학문과 심성함양에 정진할 것을 간곡히 부탁했다. '성'(誠)과 '경'(敬), 두 가지를 "도에 들어가는 문"(入道之門)이라고 하면서 마음과 감정(性情)을 다스리는 일에 대해서 많이 말했고, 그래서 남편에게 육경을 공부하는 틈틈이 시문에도 힘쓸 것을 부탁했다고 한다. 『소학』을 논하기를, "몸은 만 가지 행동의 근본이고, 경(敬)은 한 몸의 주인이다. 그러므로 『소학』의 「경신편」(敬身篇)은 총괄편이 된다"라고 하면서 특히 '경'(敬)을 중시했다. 경(敬)은 성정(性情)의 진면목을 환하게 볼 수 있게 하고, 또한 그 성정을 통솔하는 먼 길을 가는데 다른 길이 없다고 보았기 때문이다. 당시 이기(理氣) 논의에 관한 관심이나 언급보다는 "성명의 미세함과 일관하는 묘법을 한바탕 공리담론으로 할 것이 아니다. 모름지기 사람들의 일을 살피면서 그 실상을 독실히 구할 뿐이다"(性命之微 一貫之妙 無從作一場空說話 須先從人事上篤實求之)라고 하면서 학문 탐구가 성정의 수양 공부와 같이 가지 못하면 올바른 공부가 아니라는 것을 역설했다. 1835년 매산 홍직필(洪直弼, 1776-1852)이 쓴 그녀 묘지명에 보면, 그녀는 정신수양에 전일하여 "마음이 발동하기 전의 경계를 체득하였다"(體仁未發境界)라는 표현이 나온다. 어떤 때는 남편 서당 아이들이 두레박을 치면서 놀이하는 박자 수를 세거나 바느질을 하면서 여기서부터 저기에 이를 때까지 잡념이 일어나지 않는 것을 실험해 보는 등, 온 세상의 일에서 심성을 닦는 일에 매진했고, '학문을 좋아하는 것이 마치 목마른 사람이 물을 찾는 것 같아 여러 전적에 두루 통하면서 고금 정치 변동과 인물들의 행적을 손바닥처럼 밝게 알았다'라고 밝히고 있다. (『국역 정일당 유고』, 159쪽)

스스로가 매우 빈한하게 살았지만, 그 가운데서도 먼 조상까지 그들의 기호(嗜好) 음식을 새겨둘 정도로 극진히 섬기고, 부모를 봉양하고, 어려운 일가친척을 도와서 혼례와 상례를 대신 치러 준 일도 적지 않았고, 가난한 빈객과 노비들, 남편의 어린 학생들이 그녀에게서 의지처를 찾도록 하는 등, 이처럼 공부와 일상이 온전히 하나가 된 그녀의 삶과 사유를 본인은 진정 유교 성리학과 조선 도학이 이루어낸 '위기지학'(爲己之學)의 참된 영성이고 종교성이라고 보고자 한다. 그것은 일상의 온 영역을 '거룩'(聖)으로 화하게 하는 '하학이상달'(下學而上達)의 길로서, 21세기 탈종교와 탈형이상학의 인류

세가 그럼에도 다시 새롭게 추구해야 하는 '성(聖)의 평범성의 확대' 의 길이라고 생각한다. 정일당도 윤지당과 마찬가지로 『중용』을 무척 좋아했다. 그중에서도 특히 '계신장'(戒愼章) 연구에 정진하여 추위와 배고픔도 잊고 질병도 다스릴 정도로 깊은 중화(中和)의 경지를 체득한 것을 다음의 고백에서 알 수 있다.

> "'경계하고 두려워함'은 마음이 발동하기 전의 공부나 이미 발동한 후에 삼가니, 남은 알지 못하고 자기만 아는 때가 가장 긴요한 곳입니다. 근래 쇠약한 증세가 심해져서 정신이 더욱 소모되어 다른 공부는 하지 못하고 오직 여기에만 힘을 들이고 있는데, 약간의 효험이 없지 않습니다. 당신도 참된 마음으로 체인해보시기 바랍니다."
>
> (『국역 정일당 유고』, 80쪽)

이러한 강정일당의 삶과 추구에 대해서 21세기 페미니즘은 그것은 여전히 아시아 유교 문명의 여성 비하와 여성억압의 예가 될 뿐이라고 치워버리고자 할지 모른다. 하지만 우리가 한 번 더 생각해 보면 꼭 그렇지 않다는 것을 알 수 있다. 즉, 오늘 페미니스트 여성 주체성 구가의 큰 목소리에도 불구하고, 우리 현실은 여성 몸과 섹슈얼리티가 더욱 물화되고 도구화되면서 이전보다 심각한 쾌락적 수단과 물질적 유용물이 되는 것을 볼 때, 또한 21세기 인공지능과 메타버스 시대에 인간 생명과 삶이 쉽게 도구화되고 쓸모없는 잉여물이 되는 상황에서, 진정 지금까지의 잘못된 인류세를 극복하는 길이 '사유하는 집사람' 강정일당이 보여준 몸과 일상의 '예화'(禮化, ritualization)와 '성화'(聖化, santualization), '이화'(理化, spiritualization) 외에 어떤 다른 길이 있겠는지 묻고 싶기 때문이다. 이제 그 길은 인류세의 새로운 길로서 지금까지의 겉으로 드러난 여남의 차이에 상관없이 모두가 가야 할 길이고, 그것이 바로 정신과 육체가 함께 가는 '이기묘합'(理氣妙合)의 생명과 부활의 길이며, 오늘의 다른 언어로 하면 '호모데우스'(神人)와 '포스트휴먼'(post-human)의 길이 아닌가 여기는 바이다. 동아시아의 오래된 미래인 유교 전통의 여성들이 결코 21세기 여성들보다 덜 하지 않은 강한 윤리적 주체성과 자기 결정의 능동성으로 자신을 넘어서 공동체를 살리고, 후속 생명의 지속에 대한 뛰어난 공적 감각을 가지고 '자기 비움'과 '자기 겸비'(하강), '익명성'(anonymity)의 삶으로 보여준 이 길이야말로 지금까지의 자아 중심과 자기 폐쇄의 잘못된 길에서 벗어나서 모두가 함께 살기 위한 참된 인간적 영성의 미래하고 부르고자 한다.(이은선, 2020(2), 132쪽 이하)

15.
18·19세기 조선 성리학, 천학(天學)에 이르다

앞의 여성 선비 강정일당의 예에서 보았듯이 18세기 이후 조선 성리학의 심학적 전개는 매우 깊었으며 또한 만물을 향하여 퍼져나갔다. 인간 마음 깊은 곳에 천리(天理)가 내재한다는 것을 믿으며 그것을 매일의 구체적인 삶과 일에서 체현하기 위해서 정좌하고, 경(經)을 읽고, 한순간이라도 그 감각을 놓치지 않기 위해서 거경궁리(居敬窮理)하는 삶을 지속한다면, 그 행위와 삶의 주재자는 자연스럽게 자기 마음속 리(理)를 한 인격적 주체(天 또는 天主)로 만나지 않을 수 없을 것이라고 필자는 생각한다. 18세기 그렇게 진지하게 리의 체현을 위해서 공부하는 사람들에게 결정적 계기가 되었을 것이 스승 성호 이익(1681~1763)을 통한 서학(西學)과의 만남이었을 것이다. 소위 성호 좌파라고 호명되는 녹암 권철신(鹿菴 權哲身, 1736~1801)을 비롯해서 광암 이벽(曠菴 李檗, 1754~1785), 만천 이승훈(蔓川 李承薰,

1756~1801), 손암 정약전(巽庵 丁若銓, 1758~1816)과 다산 정약용(茶山 丁若鏞, 1762~1834) 형제 등이 당시의 대표적인 서학서인『천주실의』나『칠극』(七克) 등을 읽고서 지금까지 자신들의 성리학적 세계관을 또 다른 차원으로 갱신하고 혁신할 가능성을 얻은 것을 말한다.

이와 관련해서 1770년대 후반부터 경기도 광주지역의 천진암(天眞庵)이나 인근 주어사(走魚寺) 등지에서 행해졌던 남인 소장 유학자들의 공부 모임이 자주 거론된다. 권철신이나 이벽 등이 주도적으로 이끈 것으로 전해지는데, 이 강학회와 관련한 중요한 사료가 되는 다산의 '묘지명'(형 정약전과 권철신 묘지명)에는 다음과 같은 이야기가 들어 있다:

녹암(권철신-필자 주)이 직접 규정을 정하여 새벽에 일어나서 냉수로 세수한 다음 숙야잠(夙夜箴)을 외고, 해 뜰 무렵에는 경재잠(敬齊箴)을 외고, 정오에는 사물잠(四勿箴)을 외며, 해질녘에는 서명(西銘)을 외게 하였는데, 장엄할 뿐 아니라 삼가고 공손하여 법도를 잃지 않았다.

지난 기해년 겨울 천진암 주어사에서 강학할 적에 이벽(李檗)이 눈 오는 밤에 찾아오자 촛불을 밝혀 놓고 經(경)을 담론하였다.(『여유당

다산의 이 서술은 권철신이 이끄는 강학회에 형 정약전과 이벽이 함께한 것을 전하는데, 다산 스스로는 이 강학회가 있었던 기해년 (1779)으로부터 6년 뒤 갑진년이 되어서야 이벽을 통해서 서학서를 처음 보고 마음이 끌렸다고 밝히고 있다. 다산은 형의 묘지명에서 말하기를, "갑진년 4월 15일에 맏형수(이벽의 누이)의 기제를 지내고 우리 형제와 이덕조(李德操, 이벽)가 한 배를 타고 물길을 따라 내려올 적에 배 안에서 덕조에게 천지조화의 시작(天地造化之始)과 육신과 영혼의 생사(形神生死之理)에 대한 이치를 듣고는 정신이 어리둥절하여 마치 은하수가 끝없이 펼쳐진 것을 보는 것 같았다."고 한다.(김치완, 78쪽) 또한 다산은 당시 서울로 와서 이벽을 찾아가서 『실의』(實義)와 『칠극』(七克) 등의 책을 보고서 감동을 받았으나 당시는 제사지 내지 않는다는 말은 없었다고 같은 묘지명에서 밝혔다.(김치완, 78쪽)

여기서 드러나는 대로, 다산이 비록 그 이후에 이어지는 혹독한 천주교 박해를 피하고자 많은 것을 삭제했고 그 가르침을 손절매했다 하더라도, 이러한 서술들은 그 강학이 진정 당시 현실에서 유교 혁신자들의 공부 모임이었지 처음부터 서학 내지는 서교(천주교)를 배우려는 모임은 아니었을 것이라고 추측하게 한다. 그래서 그들은 「숙야잠」, 「경재잠」, 「사물잠」, 「서명」 등 송대 유학자들의 자기 수신과 수련에 관한 성찰의 잠언들을 함께 외웠다. 그리고 그 가운데서 만물에 대한 마음이 더욱 일깨워지고, 그 일은 천지 만물의 시작과 자신 마음속 깊은 뿌리, 몸의 죽음 이후까지 의식을 닿게 하여서, 그 모든 것을 크게 포괄하면서도 구체적이고 개별적(인격적)으로 간섭하는 '궁극자'(天)에 대하여 의식하게 했을 것이라고 필자는 상상한다. 그러한 가운데 자신들의 궁극자에 대한 공부인 '천학'(天學)이 중국에서 전해진 '서학' 내지는 '천(主)학'과 잘 연결되는 것을 발견하면서, 그때까지의 주자학이나 당시 굳어질 대로 굳어진 성리학의 오랜 굴레에서 벗어날 가능성을 본 것이라고 필자는 생각한다.

이러한 일에 누구보다도 앞서나간 광암 이벽에 대해서 그와 우정을 깊게 나눈 『북학의』의 저자 박제가(朴齊家, 1750~1805)는 이벽이 세계 진리를 궁구하였고("천지사방(六合) 논의했으니"), 현실의 변화와 경제에도 관심이 컸으며("시운(時運)에 관심을 두고 파옥(破屋)에서 경제에 뜻을 두었지"), 천문학에도 조예가 깊던("가슴 속에 기형(璣衡)을 크게 품고 … 사물의 본성을 깨우쳐 주고 형상의 비례를 밝히었다네") 인물이었음을 추도한다.(박제가, 『정유각집』 1책, 이경구, 2018(2), 124쪽) 한편 20대에 이러한 이벽으로부터 영향을 받아 진정 새로운 유학을 찾아 나섰던 다산은 자신의 50대에, 거의 30여 년 전 이벽과 나누었던 『중용』 공부를 절절히 회상하면서 그가 "심(心)의 성령(性靈)에서 발하는 것이 이발(理發)이고, 심의 형구(形軀)에서 발하는 것이 기발(氣發)이다"(李德操 曰: 心之自性靈而發者爲理發, 心之自形軀而發者爲氣發)라고 언술했다고 전한다.(『여유당전서』 제2집, 「중용강의본」, 이경구, 2018(2), 126쪽) 이러한 이야기들은 그들이 함께 퇴계나 성호의 주리론적 입장을 따르면서도 그보다 훨씬 더 나아가서 성리학적 주지주의를 넘어서 '天'(상제)과 '천명'(天命), '천덕'(天德) 등에 주목하면서 하늘 상제의 인격적 주재성과 영적 역동성을 크게 강조한 것이라고 이해한다.(이경구, 128쪽 참조) 하지만 주지하다시피 다산은 이러한 영향을 받은 서학 내지는 천주교 신앙을 떠나서 고대 유교에 더욱 천착했다. 거기서 그는 '천명'(天命)이나 '영명'(靈明) 등의 언어를 얻어서 원래 수기치인지학(修己治人之學)으로서의 유교가 지녔던 경세 기능과 윤리 실천적 의미를 회복하기를 간절히 원했다. 그는 고대 유학에서 서구 천주학의 그것과 유사한 세계 밖에서의 세계 주재자로서 상제를 발견한 것이다. 그 상제가 태극이나 기(氣)로는 가능하지 않은 하늘적 명령(天命)으로 드러나며 모든 인간의 마음속에 리(理)나 성(性)보다도 훨씬 더 인격적이고 살아 있는 영적 창발성의 영명한 힘인 '영체'(靈體)로서 내재함을 보았다.(김선희, 2012, 492쪽 이하)

이러한 다산 사유에서 그의 서학이나 천주교 신앙의 진정성과 영향 관계에 대한 설왕설래가 많다. 하지만 필자는 그 물음을 단지 어떤 종교 체제 내에서의 개종이나 배교, 또는 개인의 사적 종교 신앙

여부 등의 물음으로만 환원해서는 안 된다고 생각한다. 그보다는 훨씬 더 근본적으로 인간 보편의 삶의 의미 물음, 즉 동서의 구분을 떠나서 인간 누구나가 대면할 수 있는 삶의 진실과 세계의 궁극을 향한 보편의 물음이고, 궁극의 이상을 향한 진실성과 진정성의 물음이라는 측면에서 보아야 한다는 뜻이다. 또한 그러한 물음은 다산에 대해서뿐 아니라 1785년 을사 추조 적발 사건으로 희생된 이벽이나 1801년 신유사옥의 권철신, 이가환(李家煥, 1742~1801)이나 이승훈 등, 심지어는 황사영(黃嗣永, 1775~1801)의 백서사건까지도 여기에 포괄시킬 수 있다고 본다.(설지인, 2021, 163쪽 이하 참조)

18·19세기 조선 땅에서 당시 문명사적 대전환과 시대의 용트림에도 불구하고 대부분의 유자들은 여전히 낡은 체제와 언어에 안주하며 기존의 권리와 체제를 유지하려고 하였다. 그런 보수 유학자들이 핵심 권력이 되어서 일으킨 불의한 정치 공작의 소용돌이 가운데서 소수의 혁신적 유학자들이 때로는 목숨도 내놓으면서 이루고자 한 시대적 뜻(志)과 명(命)을 위한 기제가 '인격'으로서의 인간 본성이었고, 창조성과 역동적 주재성으로서 영(靈)과 신(神)의 '천(상제)'이었다. 다산은 그것을 유학의 온갖 고전 경(經)들을 천착하면서 밝혀내고자 했다. 하지만 서구 천학에서 더욱 생생하게 그 체현을 만났는지도 모르겠다. 그렇지만 오늘 21세기는 또 새롭게 상황이 변

하였다. 그러한 인격적 천의 한계를 다시 말하고, 말해야 하는 시간이 된 것이다. 즉 오늘의 심각한 지구위기와 생태위기들과 관련해서 어떻게 다시 그러한 서구 신이 밑받침된 인류 근대성의 인간중심주의를 넘어설까가 문제이고, 거기서 '포스트휴먼 유교'(posthuman Confucianism)나 '인간 너머의 유교'(more-than-human Confucianism)를 찾아 나서는 것이 관건이 되었다는 의미이다. 그런 맥락에서 이번의 성호 좌파와는 다르게 당시 서학과 그 천학에 대해서 강한 거부를 표하며 더욱 유교 고유의 천학에 몰두한 성호 우파 신후담(1702~1761)이나 안정복(1712~1791)의 관점은 어떤 것인지 이어서 살펴보고자 한다.

16.
순암 안정복과 하빈 신후담의
서학적 천학 비판

　성호 이익은 이미 17세기 초부터 중국을 통해 들어온 서학 내지는 천주학에 대해서 무조건 반대하지 않고 오히려 그것이 당시 허해질 대로 허해진 조선 유학을 위하여 어떤 도움이 될 수 있는지를 살폈다. 그런 스승의 열린 생각과 입장에 대해서 전편의 소위 성호 좌파의 친서적(親西的) 입장과는 반대로 공서적(攻西的)이었던 성호 우파는 유학 자체의 논리와 원리로부터 서학 내지는 서학적 '천학'을 공격했다. 그 대표 주자로 하빈 신후담(河濱 愼後聃, 1702~1761)과 순암 안정복(順菴 安鼎福, 1712~1791)이 있다. 여기서 순암은 성호 선생의 충실한 제자로서 자신들 학문 공동체의 미래를 위해서 이벽이나 권철신, 이기양(伏菴 李基讓, 1744~1802), 정약용 형제 등, 뛰어난 후배들에게 닥칠 위험을 크게 염려하면서 여러 가지 서신과 글을 통해서 그들을 다시 주자학 공부에로 돌리려고 노력하였다. 그의 우려대로 이벽은 1785년 을사추조 적발 사건으로 생애를 마쳤고, 정조 사후 1801년의 신유사옥으로 이승훈, 정약종 등이 처형되었으며, 권철신, 이가환은 옥사했고, 이기양은 귀양 가서 고문 후유증으로 죽었으며, 정약전, 정약용 등은 유배되는 참사를 겪었다.

대표적 저술이 중국 역사에 대한 동국 조선의 역사적 주체성을 바로 세우고자 하는 『동사강목』(東史綱目)이었던 것처럼, 순암은 당시 뛰어난 젊은이들이 깊이 빠져드는 서양 천학(天學) 또는 천주학(天主學)에 반박하기 위해서 「천학고」(天學考)와 「천학문답」(天學問答) 등의 변증서를 썼다. 거기서 그는 천학이나 천주가 그들에게만 있는 것이 아니라 우리에게도 있으며(或問, 今世所謂天學, 於古有之乎, 曰有之), 그것은 다름 아니라 고대로부터 『시경』에서 말한 '상제'(上帝)에 대한 말이나, 공자의 '천명'(天命), 자사가 말한 '천명지위성'(天命之謂性), 맹자의 '존심양성이 하늘을 섬기는 일이다'(存心養性, 所以事天也) 등이 모두 그 천학을 나타내는 말이라고 주장한다. 그러면서 그와 날카롭게 대립하는 권철신에게 보낸 한 편지에서,

통탄할 노릇은 서양 사람들이 상제를 자기들의 사주(私主, 자기들만의 主)로 생각하고 중국 사람들은 상제를 모른다고 하는 것입니다.(西土以上帝爲私主, 而謂中國人不知也, 안정복, 『순암집 2』, 381쪽)

라고 하면서, 결국 그가 보건대 서양이 전하는 천학이나 천주학은 자신들이 이미 잘 알고 있는 불가(佛家) 내지는 그 찌꺼기에 다름 아닌데, 왜 지금까지 불가에 대해서는 그렇게 비판해 왔으면서 서양 천주학에는 빠지는지 알 수 없다고 통탄한다.

순암이 서양 천학을 제일 비판하는 관점은 그 천주를 섬기는 동기와 관련한 것이다. 서양의 천학이 천주를 '사적'(私的)으로 독점한다고 비판하면서, 순암은 서양 천학이 천당과 지옥을 말하며 이세상(현세) 이후 후세의 만세(萬世), 즉 '영혼 불멸'을 위하는 것이라고 하지만, 그것은 참으로 자기 일신만을 위하는 이기적인 태도라고 비판한다. 그에 반해 유가의 명덕과 신민(新民) 공부는 오직 현세의 일에 최선을 다하는 것인데, 그렇게 현세에 사는 동안 부지런히 선을 실천하고 하늘이 내려 준 참된 본성을 저버리지 않는다면 설사 천당과 지옥이 있다 하더라도 그것이 나와 무슨 상관이 있겠는가 반박하는 것이다. 즉 유가 공부는 자신의 공부 결과에 연연치 않는 참으로 "공정한 공부"(吾儒公正之學)라는 것이다.(안정복, 「천학문답」, 『순암집』, 169쪽)

이러한 서학 천주학의 이기적 속성에 대해서는 100여 년 후 또 다른 서학 비판가 동학의 최제우(崔濟愚, 1824~1864) 선생도 강하게 표현했다. 이 주제는 단순히 천당이나 지옥이라는 신화적 이야기에 대한 표피적인 찬반 이야기가 아니라, 그보다 깊은 서구 기독교와 유교 초월 이해의 결정적인 차이를 드러내주는 언표가 된다고 필자도 생각한다. 이 관점에서 하빈 신후담의 비판은 더 날카롭다. 안정복도 마테오 리치의 『천주실의』와 마찬가지로 천주와 상제가 같고, 천주학(天主學)을 천학(天學)으로 명하면서 상제의 주재성과 인격성을 별문제 없이 받아들였다. 하지만 신후담이 보기에는 마테오 리치가 천주를 최고의 인격적 창조주로 보면서 그 인격적 상제 밑에 태극(太極)이나 리(理)를 두고, 또한 인간의 '영혼'(亞尼瑪, anima)이 불멸하다고 말하는 것은 그가 진정 유가의 궁극자 리(理)가 리 되는 까닭을 모르는 것이고, 물(物)이 물이 되는 까닭을 모르는 소치이다. 주자학적 성리학자 신후담의 이해에 따르면 천지는 서학의 창조주 천주가 무에서 "창조"(制作天地)한 것이 아니라 "진실로 말하기 어려운"(固難言) "개벽의 일"(開闢之事)이다.(하빈 신후담, 『돈와서학변』, 143쪽) 즉 세계의 형성은 인격적 신의 "창조"(制作)가 아니라 자취와 형질은 없지만 기(氣)를 제어하고 기를 통해서 현시되는 리(理, 太極)에 의해서 "열리는"(開闢)는 일이라는 놀라운 주장을 편다. 따라서 여기서는 인격적 상제는 불필요하거나 아니면 "천지가 형성된 후에 그 사이에서 주재"하거나 하므로, 그런 뜻에서 주재자로서의 상제는 오히려 태극이나 리(理)의 아래에 놓이게 되는 것을 말한다. 그렇게 신후담과 같은 성리학자들은 상제의 주재성은 인정한다 해도 그 인격성과 창조성은 시인하기 어려웠던 것이다.(송갑준, 1991, 503쪽 참조)

이와 더불어 영혼 불멸에 대해서도, 신후담에 따르면 사람이 죽으면 형체(몸)가 썩어 없어져서 혼도 흩어져 사라지는 것이지만, 서양 천주학의 영혼 불멸은 '아니마'(혼)를 "자립하는 실체"(自立之體)로 보는 것이라고 비판한다.(하빈 신후담, 90쪽) 이것은 유가 『춘추전』에 만물이 생겨나 처음으로 태어나는 것을 '백'(魄)이라고 하고, 이미 백이 생긴 후에 (움직이는) 양기를 '혼'(魂)이라고 하며(91쪽), 또한 '혼'(魂)과 '기'(氣)의 관계는 '백'(魄)과 '정'(精)의 관계와 같고, 여기서 백은 정(精)의 신(神)이며 혼은 기(氣)의 신이라는 가르침과도 어긋난다는 것이다.(하빈 신후담, 95쪽) 이것은 크게 말하면 서양의 영혼 불멸은 만물이 열리는 데에서 리(理, 神/영혼)가 기(氣, 세계/몸)와 상관없이 존재한다고 하거나, 또는 리와 기를 같다고 보는 관점이 된다. 그러므로 유가 성리학이 '이기불상리'(理氣不相離)와 '이기불상잡'(理氣不相雜)을 동시에 따르면서 두 차원을 어떻게든 하나로 환원하지 않으면서도 서로 연결시키려는 것이고 보면, 그 유가 이기론을 따르는 신후담 이해에서는 그러한 주장을 받아들일 수 없었다. 서양 중세 토미즘(Thomism)의 마테오 리치가 영혼을 크게 생혼(生魂), 각혼(覺魂), 영혼(靈魂)의 세 가지로 나누어서 인간의 영혼만이 따로 불멸한다고 했지만, 생혼과 각혼이 이미 쓰이지 않는다면 천당의 즐거움을 느끼거나 깨닫지 못할 것인데 그 즐거움이 무슨 의미가 있느냐고 반문한다. 또한 영혼 불멸이 종국에는 천주의 특별한 도움과 은총에 의지한다고 하는 무

책임하고 무의지한 일이고, 편벽과 공평하지 못한 이기심에서 나온 것이라고 비판한다.(하빈 신후담, 101쪽)

그런데 사실 여기서 서구 천주학이 강조하는 영혼 불멸의 '영혼'이 단지 유가에서의 '혼백'(氣)을 말하는 것이 아니라, 오히려 그보다 더 깊은 인간 존재의 핵, 유가의 의미로서는 '리'(理, 靈)나 '본성'(性)을 지시하려는 것이므로 여기서 신후담의 비판이 꼭 적실했는가 하는 물음이 나오기도 한다. 그래도 우리는 여기서 그러한 물음에 대한 천착보다는 성호 그룹의 친서파나 공서파 모두가, 그들 일생의 삶에서, 얼마나 절실하게 당시 자신들이 마주한 조선 삶의 현실에서 나름의 방식으로 '궁극과 초월'(天/理, transcendence)을 추구했는지를 강조하는 일로 이 장에서의 성찰을 마무리하고자 한다. 거기서 친서파는 그 초월을 개별적 인간의 의지와 감정, 감각 등과 더욱 생생하게 직접적으로 관계할 수 있는 '인격'으로 받아들이고자 했다. 반면 공서파는 그 개인주의적이고, 의지 중심과 개체 의식 중심의 궁극관 안에 오히려 참된 '영원성'(理, eternity)의 추구 대신에 단지 개별적인 '불멸성'(氣, immortality)만을 구하려는 그들의 이기적 속성이 담겨 있음을 간파한 것이라고 할 수 있다. 당시 그런 공서파의 입장이 새로 전해진 서학적 천학에 대한 친서파의 입장에 비해서 매우 보수적이고 고루하게 보였을 수 있다.

하지만 시간은 다시 흘러 오늘 인류 문명의 정황을 보면 공서파의 우려대로 서구 기독교 문명의 과도한 인간중심주의와 개인주의, 몸적 사실에 대한 경시와 몸의 마지막에 대한 혐오 등과 함께 개체적 몸의 불멸에 대한 추구가 매우 염려스러운 방향으로 치닫고 있다. 또한, 21세기 과학 문명과 특히 메타버스 시대의 도래에서 보면, 성리학적인 세계 개벽의 이해가 서학적 천지창조 이야기보다 더 적실해 보인다. 그런 맥락에서 어떻게든 이기불이(理氣不二)적 관점에서 여기 지금의 현세에서 궁극과 초월을 이루려는 유교 고유의 영원성 추구는 나름의 사각지대에도 불구하고 의미가 크다. 특히 '공'(公)에 대한 끊임없는 강조, 개별적인 개인의 감정도 그 공(公)과 더불어 판단하려는 '공희노'(公喜怒) 이야기는 시사하는 바가 크다. 당시 친서파의 입장은 개혁적이고 과감하게 자신을 여는 진보의 것이었지만, 오늘날은 한국 상황뿐 아니라 세계가 그 서구 인간중심적 세계관의 개벽을 다시 요구하고 있다. 그래서 공서파의 반박을 잘 살필 일이다.

17.
18·19세기 호락논쟁의 조선 성리학,
실학을 일으키다

한국 천주교가 1886년(고종 3년) 대원군에 의한 대규모 박해(병인박해)로 그 확장이 주춤하는 사이 한국 개신교의 역사는 주로 북미 출신의 선교사들에 의해서 19세기 후반에 시작되었다. 그중 한 사람이었던 캐나다 토론토 출신의 게일(J.G. Gale)은 첫 한반도 선교 경험을 증언하기를, 서양 선교사들이 조선에서 "하나님이 세상을 사랑한다"라거나 "여러분, 하나님을 아나요?" 등의 말로 기독교 복음을 전하기 시작하면, 조선 민중들은 "하나님을 모르는 사람이 어딨어?" 또는 "신(神)을 모르는 사람이 어딨어? 우리를 짐승으로 아는 건가?"라는 말로 응수했다고 한다. 이것은 게일뿐 아니라 요사이 점점 더 관심을 끄는 『환단고기』나 『부도지』 등의 한국 상고 역사도 많이 언급하듯이, 한국인들이 원래부터 지녀 온 하늘 천(天)에 대한 의식을 드러내는 것인지 모르겠다.

앞의 글에서 살펴본 안정복이나 신후담 등의 서양 천학에 관한 논변에서도 그들은 원래 조선이 담지하고 있던 천학을 강조했었다. 조선 성리학은 그렇게 하늘 천과 궁극자에 대한 관심과 더불어 인간(人)과 세계(物)에 관한 관심도 더욱 심화시켜 갔다. 이미 여성 성리학자 임윤지당이나 강정일당의 경우에서도 언급했듯이 유교 성리학의 성인지도(聖人之道, To become a sage)의 이상이 여성들에게도 열리는 방향으로 나아간 것처럼, 조선 성리학의 인간과 세계 탐구는 그 가능성을 그때까지 보수적 사유가 막아 놓은 신분제의 장벽을 넘도록 했고, 전혀 낯선 타자로 다가오는 낯선 것(物)에 대한 관점을 크게 열도록 했다. 그 낯선 타자에는 그때까지도 야만으로만 여기던 청나라가 있었고, 인간 밖의 동식물과 사물, 지구와 각종 과학적 대상들이 있었다.

퇴계와 기대승, 율곡, 송시열(宋時烈, 1607~1689) 이후 그 정신적 후예들 사이에서 시작된 조선 후기 '호락(湖洛)논쟁'은 이미 퇴계 시대에 보였던 사단칠정론(四端七情論) 논쟁이 더욱 심화하는 가운데서 전개되었다. 이제 인간만이 문제가 아니라 세계 속의 다른 생명과 사물들(物)과의 관계, 그리고 인간 이해에서도 그 내면적 본성(性)에 관한 더욱 세밀한 관찰과 더불어 그 본성을 '본연지성'(本然之性)과 '기질지성'(氣質之性)으로 나누어 보는 것 등이 중요한 관건이 된 것이다. 이것은 세상 악과 '다름'의 문제가 조선 성리학자들의 의식에 더욱 첨예하게 부각된 것이라고 필자는 이해한다. 하지만 그럼에도 불구하고 거기서 본성적 선함의 긍정성(理)에 더욱 몰두하는가(相同), 아니면 그 다름과 부정적 현실(氣)을 지목하는 일(相異)이 근본이라고 보는가에 따라서 두 편으로 갈라진다.

그렇게 주장하는 학자들의 출신 지역과 거주지에 따라서 충청도(湖西)를 기반으로 한 호학파(湖學派)와 서울을 기반으로 삼은 낙학파(洛學派, 당시 중국의 도시 낙양(洛陽)이 수도의 보통명사로 여겨졌으므로)가 그것이다. 호학파의 대표격인 한원진(韓元震, 1682~1751)은 율곡 학파의 송시열과 권상하(權尙夏, 1641~1721)의 충실한 제자로서 인간 안의 우주 본성인 성(性)을 리(理) 자체와도 구분하고, 또 그 성을 두 차원으로 나누어 보면서 그 차이를 일으키는 기(氣)의 현실에 주목했다. 그래서 '성인'(聖)과 '평범한 사람'(凡)의 성(性)은 같지 않고, 인간과 동물, 사물의 차이와 구별을 말하는 차별적 의식(相異)을 지키고자 한 것이다. 이에 반해서 같은 권상하 문하에서 나왔지만 한원진 등과는 다른 이간(李柬, 1677~1727)과 서울의 김창협, 김창흡 형제, 도암 이재(李縡, 1680~1746)와 김원행(金元行, 1702~1772) 등의 낙학파는 그 현실적인 차이보다는 리(理)의 주재성을 강조하면서 그에 근거한 본성적인 같음(相同)에 집중한다. 그런데 이렇게 리의 본래에 집중하면서 사람과 사물의 본성이 같다는 주장을 하게 되자 거기서 놀라운 현실적인 해방과 자주, 평등의 파급력이 나오는 것을 볼 수 있다. 송시열 등에서 나타나는 정통 율곡 학파의 정치적 보수성과 계급주의를 넘어서 대표적으로 홍대용(洪大容, 1731~1783)이나 박지원(朴趾源, 1737~1805)과 같은 혁신적 의식의 북학파와 이용후생적(利用厚生的) 실학 의식이 여기서 활발히 전개된 것을 말한다.

홍대용은 18세기를 대표하는 조선 후기 실학파의 선구자로 그의 학문과 삶의 발자취는 『담헌서』(湛軒書)에 정리되어 있다. 천지 만물에서 리(理)의 근본으로부터 같음을 말하는 "인물균"(人物均)을 받아들이게 되자 이제 그의 관심은 세계의 온갖 사물(氣)에게로 향하게 되는데, 그런 면에서 그를 주기론자(主氣論者)로 말하기도 한다. 하지만, 그러한 표현은 많은 오해를 불러일으킨다. 왜냐하면 리를 통해서 인간과 만물 본성의 균등함을 주장하는 입장에서 주리론(主理論)이라고도 볼 수 있기 때문이다. 그래서 더는 그러한 일차원적 표현은 특히 조선 호락논쟁의 전개를 살필 때는 적실하지 않은 것 같다. 담헌은 "천하에 리(理)가 없는 사물(氣)이 없으며, 사물이 없다면 리 또한 붙어 있는 곳이 없다"라고 했는데, 그의 최대 관심은 그러한 이기논쟁보다도 '어떻게 하면 우리의 실심(實心)을 회복할 것인가' 하는 문제였다. 스승 김원행을 따라서 그는 당시 현실의 학문을 '허학'(虛學)으로 진단하면서 자연과 학문과 사회의 제 문제를 함께 해결할 수 있는 사상 체계를 세우고자 한 것이다.

담헌은 과거길을 버리고, 35세 영조 41년(1765)에 숙부를 따라 북경을 방문하고 큰 사상적인 충격을 받는다. 거기서 북경의 천주당도 여러 번 방문하고 중국 선비들과 양명학 등에 대해 논하면서 평생의 친구(心友)들도 만났다. 그러면서 '북학'(北學)할 뜻을 굳히면서 박지원, 이덕무, 박제가, 유득공 등과 더불어 북학파(北學派)를 형성해 나갔다. 그는 고향에 천문기계를 갖춘 〈농수각〉을 마련하여 자연 현상을 관측했으며, 친구들과 함께 음악 연주의 깊은 경지를 개척했고, 당시 당쟁이 심했던 상황에서 오륜 가운데서도 특히 '붕우도'(朋友道)를 깊이 실천해서 국경과 세대를 넘어서 인간 사이의 '믿음(信)의 윤리'에 대한 새로운 가능성을 제시했다.(김태준, 『홍대용 평전』) 그것은 당시 주자학적 화이론(華夷論)에 근거한 북벌론이 주장되던 현실에서 청조 문물의 단순한 수용이 아니라 더 근본적인 의식의 전환을 추구한 것이라 할 수 있다. 즉 그의 만년 작품인 『의산문답』(毉山問答)에서 '실옹'(實翁)의 입을 빌려서 지구설, 자전·공전설, 우주무한설 등을 설파하면서 세계에는 결국 절대적 중심이 없고, 따라서 "모두가 중심이고 모두가 주변"이라는 주체와 자주 의식의 심화로서 자기(己)와 인간(心)을 둘러싼 외물(物)에 대한 범애적 평등과 연대의 정신으로 나아가는 가능성을 크게 연 것이다.(이경구, 2018(1), 282~284쪽 참조)

홍대용과 함께 이용후생의 대표적 북학파 실학자인 박지원은 낙학과 인물성동론의 관점에서 인간과 동식물 또는 중화와 오랑캐 사이의 차별뿐 아니라 「호질」이나 「양반전」 등의 풍자 소설을 통해서 신분제 차별의 문제로 나아갔다. 또한 「열녀 함양박씨전」을 통해 여성 정절의 문제를 부각시켰고, 신분적 차별에 의한 인재 등용의 문제점을 지적하면서 서얼 차별의 연원과 그 폐해도 자세히 밝혔다. 하지만 그는 양반 신분을 폐지하자는 것이 아니라 그보다는 '선비' (士)가 공리공론에 빠져서 제 역할을 하지 못하는 것이 문제라고 보았다. 무위도식하는 양반이 아니라 실용적이고 실질적으로 농공상을 이끌 수 있는 선비 학자의 삶을 강조했는데, 그에게도 가장 바람직한 삶은 선비의 삶이었기 때문이다. 이렇게 사회적 사유에서 소극성을 벗어나지 못했지만 진정 큰 전환은 그가 세계를 어떻게 인식하는가의 '인식 물음'에서 볼 수 있다. 그는 『열하일기』(熱河日記)와 같은 뛰어난 산문을 남기면서, 세계 대상의 관찰과 인식에서 인간 감각 기관의 편견과 선입견에 주목했다. 즉 사물을 사물 자체로 보기 위해서는 인식 대상과 객관적인 거리를 유지하며 텅 빈 마음으로 세상 전체를 바라보면서 마음으로 깨닫는 방식을 주장한 것이다.(心會 之) 이러한 방식은 인식 대상에 대한 활연관통을 '목적'하고 '의지'하는 전통 주자학적 격물(格物) 방식보다 훨씬 더 세계와 사물의 독자성과 객관성, 그 나름의 역동성을 인정하는 것이라고 평가된다.(한국사상사연구회 편저, 김형찬, 1996, 527~529쪽) 이렇게 18·19세기 조선의 호락논쟁은 조선인의 심(心理) 이해의 심화를 가져왔고, 세계와의 관계에서도 좀 더 개방적이고 열린 방향으로 나아가도록 했다.

하지만 시간이 흐르면서 다시 호·락 두 파의 현실 대응이 뒤바뀌기도 한다. 즉 호학파의 본래적 리(理)와 원칙, 뜻의 중시는 한말 외세의 불의한 침략에 저항하면서 뜻을 관철하는 저항자의 지침이 되는 반면, 리(理)와 기(氣)가 하나됨(不相離)을 강조한 낙학파는 점점 현실에서 리의 차원을 잃어버려 현세 권력지향적 세속주의자와 물질주의자로 전락하는 것을 볼 수 있다. 이러한 둘 사이의 갈등과 긴장, 전개를 나는 20세기 서구 신학에서도 유사하게 보는데, 신정통주의와 자유주의 사이의 갈등과 긴장이 그것이다. 전자의 칼 바르트 등에서는 나치에 저항하는 정치신학이 나왔지만 타종교나 비서구 문명에 대해서는 여전이 서구 우월주의와 배타성을 드러냈고, 반면 슈바이처, 불트만, 후리츠 부리 등의 자유주의 신학은 정치적 참여보다는 이웃 종교와 세계 문화에 대한 한없는 개방을 가능하게 했다. 다음에 이어지는 글들에서 뜻과 의리를 강조하는 호학파적 전개가 19세기 이후 점점 더 가중되는 나라의 위기 상황 가운데서 어떻게 퇴계 사상 등과 만나면서 새로운 전개를 보이는지 더 살피고자 한다.

18

19세기 조선 토양에서 다시개벽으로 탄생한 동학, 한국적 지구종교

앞 글에서 본 것처럼 성호 우파 신후담의 서학 비판서 『돈와서학변』은 세계가 서학 기독교가 주장하는 것처럼 무에서 "제작(창조)"된 것이 아니라 기(氣)를 통해서 현시되는 리(理)에 의한 "개벽"(開闢)이라고 주장했다. 또한, 그때 서학 비판의 핵심은 서양 천주 신앙인들이 천주를 위한다고 하면서도 실은 자신들 이익만을 구하는 이기적 신앙인들이라는 것이었다. 오늘날 특히 코로나19 팬데믹 등 지구적 위기 상황에서 같은 단어의 '개벽'을 말하는 동학에 관한 관심이 드높다. 그리하여 두 단어 모두 '열다'의 의미인 '개'(開)와 '벽'(闢)으로 이루어진 단어 '개벽'이 언제부터 쓰였나 하는 탐구도 있고, 중국 한대나 송대 『주자어류』 등에 이미 나오는 것도 지적되었다. 하지만 19세기 중반 수운 최제우(水雲 崔濟愚, 1824~1864)가 특별한 종교체험을 통해서 "하늘님(한울님)"을 만나고 그 한 달 후에 쓴 한글 가사 「용담가」의 "개벽"이나 다시 일 년여 후에 쓴 「안심가」(安心歌)나 「몽중노소문답가」(夢中老少問答歌)에 나오는 "다시개벽"이라는 언어는 다르다. 최근 한국 사회에서 동학에 대한 관심을 불러일으키는 데 큰 역할을 한 도올 김용옥의 동학 연구에 따르면, 수운은 "개벽"과 "다시개벽"을 말했지 결코 '후천개벽'을 말하지 않았다. 당시 수운은 중국 상수학과 연관되는 '선천개벽과 후천개벽'의 프레임보다 훨씬 더 "순수하고 순박"하게 누구나 알아들을 수 있는 우리말과 민중 언어로 오만 년 전에 개벽된 세상을 "다시개벽"해야 하는 대혁명의 시대가 도래했음을 선포한 것이라고 지적한다.(도올 김용옥, 2021(2), 49쪽)

수운이 놓였던 당시 삶의 자리는 개인적으로나 국가·사회적으로 매우 어려운 것이었다. 순조 24년(1824) 경주에서 유학자 근암공 최옥(近庵公 崔𨥭, 1762~1840)과 재가녀 한 씨의 아들로 태어났지만, 어머니는 일찍 돌아가셨고 아버지도 17세 때 돌아가셨다. 당시 나라는 안동 김씨의 세도정치가 절정에 이른 때였다. 그 아래서 신유박해(1801) 이후로 서학과 천주교에 대한 박해가 그치지 않았지만, 북학파 등 여러 실학적 개혁의 기조와 서학변 학자들의 거센 반박에도 불구하고 서학적 사유와 활동은 더욱 퍼져나갔다. 그런 가운데서 수운은 21세 때부터 10여 년간 장사로 주류팔로(周流八路)의 길을 나섰고, 1854년 귀가해서는 한 스님(금강산 유점사)으로부터 책 한 권을 건네

받는다. "기도의 가르침"(祈禱之敎)이 있었다고 하는 소위 1855년 을묘년의 '을묘천서'(乙卯天書)를 말한다. 이후 수운은 두 번에 걸쳐 "한울님 강령과 다만 명교(命敎) 계시기만" 바라며 49일 정성 기도를 드리고(『도원기서』, 2012, 18쪽) 1859년 고향 경주 구미산 용담정으로 돌아와서 이름을 제선(濟宣)에서 제우(濟愚)로 고친다. 그러던 중 1860년 음력 4월 5일 꿈인지 생시인지 천지가 진동하고 공중에서 외치는 큰 소리를 듣는데, "두려워하지 말고 두려워하지 말라. 세상 사람이 나를 상제라 이르거늘(世人謂我上帝), 너는 상제를 알지 못하느냐?"(汝不知上帝耶)라는 음성이었다. 수운은 "그렇다면 서도로써 사람들을 가르치리이까?"(然則西道以敎人乎)라고 물었고 "그렇지 않다!"(不然)라는 답을 듣는다(「布德文」, 『동경대전 1』, 387쪽에서 재인용). 이와 같은 극적인 종교체험 후 한 달 만에 쓴 우리말 가사 「용담가」에는 "무극대도 득도"라는 말이 나오고, 1861년 봄 포덕을 위해 쓴 「포덕문」과 1862년 "내 마음이 곧 네 마음"(吾心卽汝心也)이라는 유명한 말이 나오는 「동학론」(東學論, 論學文)에는 "상제"(上帝)와 "동학"(東學)이라는 말을 쓰면서 자신의 신비체험을 서술한다.

그런데 여기서 "상제"(上帝)라는 초월적 인격신과 만나는 데 역할을 한 그 책이 과연 어떤 책이었는지, 당시 조선 지식인들에게 많이 퍼졌던 『천주실의』(天主實義)는 아니었는지에 대한 논란이 지속되고 있다. 천도교 신앙인이거나 학문적으로 동학의 고유성과 다름을 강조하는 사람일수록 그 을묘천서가 『천주실의』일 수 있다는 생각에 반대한다. 그러나 필자로서는 수운이 「안심가」나 「동학론(논학문)」 등에서 자신이 "서학"(西學)으로 오해받는 것을 제일 염려했고, 그러한 서학과는 다른 "동학"(東學)을 말하고, 또한 당시 왜적에 대한 적개심을 드러내면서 '제세안민'(濟世安民)이 그의 가장 중요한 관건이었음을 잘 보여준 것을 생각하면, 그가 당시 민중들이 경도되어 있던 서학의 가르침을 염두에 두면서 거기서 일면 배웠다는 것이 동학 자체의 주체성이나 독창성을 말하는데 있어서 그렇게 불리한 일이 되지 않는다고 여긴다. 오히려 그 난국의 때에 크게 새로운 길을 가기 위해서는 지금까지의 여러 전통을 넘어서 전혀 다른 새로움을 받아들여야 했고, 그 일을 통한 "다시개벽"하는 일이야말로 참으로 독창적이고, 독자적인 주체성의 표현이라고 보고 싶은 것이다. 수운의 다시개벽은 그가 스스로 후계자 해월 최시형(海月 崔時亨, 1827~1898)에게 밝힌 대로 "유·불·선(儒佛仙) 세 도(道)를 겸"한 것이고(『도원기서』, 49쪽), 그에 더해 "부도"(符圖)와 "강령주문"(降靈呪文) 등 조선 민중의 오랜 무교(巫敎)적 토양에서 다시 서학과 그 주재적 인격신을 만나면서 이루어낸 인류 정신사의 유일하고 고유한 탄생이라고 필자는 보고자 한다. 그것은 지금까지 어떤 지구 의식도 체험하지 못했던 초월(天)과 거룩(聖)의 급진적인 내재화, 세계화, 보편화이다.(侍天主) 그러면서도 자칫 그러한 내재화와 세계화가 빠질 수 있는 오류, "도무지 진정 하느님을 위한다는 단서가 없고, 오직 자기 한 몸만을 위해 비는 모략만 있는" 맹점을 "무위이화"(無爲而化)의 가르침과 "천도"(天道)로써, 그리고 분명히 "동(조선)에서 탄생하고 동에서 받은"(吾亦生於東 受於東) 것이므로 결코 "양학"(洋學)이나 "서학"이 아닌 "동학"(東學)으로 넘고자 한 것이기 때문이다.

여기서 수운의 아버지 근암공이 퇴계로부터 이어지는 영남 남인 학파 대산 이상정(大山 李象靖, 1711~1781)의 제자인 기와 이상원(畸窩 李象遠)의 제자라는 것이 거론될 수 있다. 또한 그가 자신의 호를 '근암'(謹庵)에서 '근암'(近庵)으로 바꿀 정도로 '가까운 곳(近)에서부터 삶의 진리를 얻고자' 하는 주자 『근사록』(近思錄)의 정신을 깊이 추종한 유학자였다는 것을 보면(도올 김용옥, 2021(1), 356쪽 이하), 수운의 정신이 이러한 조선 성리학의 토양에서 자란 것임을 부인할 수 없다. 하지만 수운은 그것을 뛰어넘었다. 그가 지은 글 중에 「탄도유심급」(歎道儒心急)이라는 글이 있다. 1863년 그의 체포가 점점 다가오는 시점에 자신의 마지막을 예감하며 쓴 글로 읽히는데, 그는 거기서 자신의 도를 따르는 사람들을 "도를 따르는 유자"(道儒)로 불렀다. 그러면서 그들 마음이 너무 조급함을 개탄하면서 "도는 덕에 있지 사람에게 있지 않고"(在德不在於人), "믿음에 있지 공력에 있는 것이 아니며"(在信不在於工), 그러므로 "조급해하지 말고"(勿爲心急), 가까운 데서 찾고, 밖에서 구하지 말고 "정성"(誠)에서 찾으라고 절절히 당부한다. 이와 같은 초월의 급진적인 내재화와 보편화를 그의 제자 해월은 더 근본적으로 밀고 나가서 "향아설위"(向我設位)를 말하고, "천지부모"(天地父母)와 경천(敬天), 경인(敬人), 경물(敬物)의 "삼경"(三敬)을 주창하며, "부인 수도"를 강조했다. 그 정신을 살려서 소파 방정환(1899~1931)은 세대와 나이를 뛰어넘는 '어린이의 날'을 제정했는데, 그래서 이러한 도는 "인류 문화 양식 전체에 대한 대전환의 선언"이라는 말이 나오고(『경전으로 본 세계종교』, 371쪽), "서양의 실체성이 근원적으로 해체되어 버리는 창조적 도약"이라는 평가를 듣는다.(도올 김용옥, 2022(1), 141쪽)

수운 「동학론」에서 왜 자신의 도(道)와 교(敎)가 '동학'인가를 밝히는 말을 더 따라가 보면, 그는 공자와 맹자를 거론하며 그 "공자와 맹자의 가르침"(鄒魯之風)이 세상에 전해진 것처럼 자신의 도가 이 세상에 퍼질 것이라고 역설했다.(鄒魯之風 傳遺於斯世 吾道受於斯 布於斯) 이 말에서 수운은 자신을 시대의 '유자'(儒者)로 이해했고, 그러나 그 전해진 유교의 도가 명(命)을 다하면서 다시개벽의 새로운 도를 전하게 된 것을 강하게 인식하고 있었음을 볼 수 있다. 그가 극적인 종교체험으로 받은 도는 서두르지 않는 "조화"(造化)를 강조하고, 수많은 책과 경 공부에 대한 주력보다는 21자 주문과 더불어 행하는

"수심정기"(守心正氣)를 말하며, "신(信)·경(敬)·성(誠)"이라는 집약된 덕목을 강조했다. 이는 우리가 앞에서 살펴본 대로, 조선 성리학의 이기(理氣) 논의나 호락 인물성(人物性) 논의가 한편으로는 리(理)의 주재성과 절대성을 더욱 강조하면서 '리(理) 신앙'의 차원으로까지 갔지만(정다산, 이진상 등의 主理), 다른 한편에서는 리나 성(性)을 넘어서 심(心)과 물(物)의 차원으로 그 초월성과 거룩성이 급진적으로 이양되었는데(홍대용이나 최한기 등의 主氣), 수운의 동학은 이 두 측면을 함께 담지하는 것으로 여겨진다. 즉 그 어떤 종래의 교와 학이 주지 못하는 '다시개벽'을 통한 후학의 안심(安心)과 조화(造化)를 전해주고자 한 것으로 나는 이해한다.

'창조적 전위사상가' 수운에 의해 창도된 동학은 한국적 고유의 통섭이고, 성(聖)의 평범성의 극적인 확대이다. 그것은 함석헌 선생이 한국 사람은 지금까지 자신만의 고유한 종교를 한 번도 내지 못했다고 한탄했지만, 내가 보기에 동학의 도는 그렇게 서학까지 포괄하면서 그것을 넘어서서, 지금까지 인류 의식이 만나보지 못한 고유한 '도'(道)와 '학'(學)으로서 하나의 보편적 '지구종교'를 탄생시킨 것이 아닌가 생각한다.(지구인문학연구소 기획, 2021 참조) 비록 그것의 현실에서의 적용에는 그 또한 나름의 한계를 가질 터이지만 말이다.(이은선, 2011, 150쪽 이하)

19.
20세기 초 조선 유교와 민족,
홍암 나철의 대종교와 해학 이기의 진교

동학은 교조신원운동(1892~1893)과 혹독한 동학농민혁명(1894~1895)을 겪은 후 천도교(天道教)로 거듭났다. 청일(1894), 러일(1904) 전쟁을 겪으면서 더욱 위기에 빠져드는 나라를 구하고자 조선 유자들은 다방면으로 구국의 길을 찾아 나서면서 더는 어떤 기성적 철학이나 학(學)으로는 안 되고 좀 더 근본적인 인간 정신 개조와 사회 혁신이 절실한 것을 목도한다.

재미 한국학자 고(故) 김자현 교수는 한국민들의 의식 속에 '민족'(nation)이라는 공동체 개념이 탄생한 것은 16세기 임진왜란(1592)을 통해서라고 주장한다. 서구에서 주로 18세기 이후 등장하는 민족의식이 한국민에게는 16세기 "임진전쟁"(The Great East Asian War)의 의병운동에서 시작되었고, 이어지는 몽골과의 갈등 속에서 강화되면서 이후 조선 왕조가 20세기까지 지속할 수 있었던 '상상적' 근거가 되었다고 한다.(김자현, 2019, 26쪽 이하) 이처럼 서구 근대 민족 담론에 기대서 한국 민족의식을 밝히는 관점에 대해 내가 모두 동의하는 바는 아니다. 하지만, 유사한 과정의 일이 20세기 초 외세, 특히 일본 침략에 맞서 일어난 여러 사상과 종교운동에서 다시 이루어졌고, 거기서 한국민의 민족의식이 크게 신장했다는 것은 부인하기 어려울 것이다. 호남의 유학자 홍암 나철의 대종교 중광이나 해학 이기의 시도도 바로 그 한 표현이라고 생각한다.

대종교의 창시자 대종사(大宗師) 홍암 나철(弘巖 羅喆, 1863~1916)은 전남 보성 출신이다. 호남의 유학자 기대승(奇大升, 1527~1572)과 김인후(金麟厚, 1510~1560) 등의 반경으로부터 독자적인 '유리론'(唯理論)을 형성한 노사 기정진(蘆沙 奇正鎭, 1798~1879)이나 천사 왕석보(川社 王錫輔, 1816~1868)를 배경으로 한다고 평가된다. 정약용의 국학 사상과 양명학에 조예가 깊었던 왕석보의 제자로서 매천 황현(梅泉 黃玹, 1855~1910)과 해학 이기(海鶴 李沂, 1848~1909)가 거론되는데, 10세에 그 서당에 들어갔다는 나철은 1891년(29세) 과거에 장원급제하여 관직에 나갔다. 하지만, 관료 제도의 부패가 고질적임을 목격하고 일본 침략이 심해지자 낙향하여 당시 대표적 우국지사들이었던 그 문하생들과 교류하면서 강한 구국운동을 펼친다.(이규성, 2019, 215쪽) 그는 놀랍게도 을사늑약 체결 직전인 1905년에 러시아와 일본의 강화회의가 미국의 포츠머스에서 열리는 것을 알고, 국권수호를 열강에 호소하기 위해 민간인 신분으로 해학 이기 등 동지들과 함께 그곳에 직접 가려 했다. 일제의 방해공작으로 뜻을 이루지 못하자 다시 일본에 건너가서 대화로써 침략 야욕을 잠재우고자 했다. 일본 궁성 앞에서 단식항의하기도 했지만 을사늑약의 체결 소식을 듣자 돌아와서 박제순, 이완용, 권종현, 이근태, 이지용 등 오적의 살해를 기도하면서 과감한 구국 실천을 지속했다. 그러나 그 가운데서 특이한 경로로 한민족 상고사와 종교 사상이 농축된 『삼일신고』(三一神誥)와 『신사기』(神事紀) 등을 만나 삶의 일대 전환을 겪으면서, 그는 민족 종교운동을 통한 구국의 길로 나선다. 즉 1909년 오기호(吳基鎬, 1863~1916)와 이기 등과 더불어 '단군교'를 '중광'(重光)한 것을 말한다.

그것은 한민족 상고사의 단군 사상을 기조로 하여 우주에 관한 생명철학적 이해에 기초해서 인간 심성의 변화와 사회와 세계 변형을 "겸하여" 추구하는 구국 종교운동이다. 홍암은 한민족이 수천 년 동안 노예 같은 쓰라린 시련을 겪어 온 이유가 국조인 단군의 하느님 신앙을 잊어버렸기 때문이라고 주장한다. 오랜 기간 유교와 불교에 치우치며 사대 모화사상에 빠져서 망본배원(忘本背源)한 결과라고 보는데, 그리하여 '환인·환웅·환검'의 '삼신일체'(三神一體)의 '한얼'(神의 옛 글자, 하느님)에 대한 신앙을 회복하는 배달민족 사관을 세우는 일을 매우 긴요하게 여겼다.

단군교에서 이름을 바꾼 대종교(大倧敎)는 화서 이항로 계열과 사우 관계로 연결되면서 도교 철학에 조예가 있는 서우 전병훈(曙宇 全秉薰, 1857~1927)이 '정신철학'(精神哲學)으로 그 특성을 잘 밝히고 있다.(이규성, 2019, 187쪽) 전병훈은 만주에서 한민족 고대사를 회복하고 그 고유 사상을 전파하다 일제에 피살된 계연수(桂延壽, 1864~1920)로부터 『천부경』을 전달받고, 그 정신을 한마디로 천도(天道)와 인도(人道)를 겸해서 함께 이루려는 "겸성"(兼聖)의 성인(聖人) 추구라고 이해했다. 나 개인의 인격을 최고로 고양하면서 동시에 사회적, 국가적, 우주적인 통일과 이상의 궁극을 함께 실현하려는 내외 쌍수의 추구로서, 단군은 바로 그러한 겸성지신의 '신인'(神人)이며 '선성'(仙聖)의 모형이라는 것이다. 홍암 나철의 사유는 『삼일신고』(三과 一의 통일성이라는 神의 교훈)에 대한 해석에 기초해서 곧 인간 내면의 핵으로 내재되어 있는 하늘 '씨앗'(性)에 대한 깊은 자각, 현실에서의 과제와 명에 대한 뚜렷한 '인지'(命), 그것을 용기 있게 실천하는 '몸의 실천력'(精)을 '삼일'(性命精 三一)로 보는 사유이다. 이러한 홍암의 사유는 그가 일제의 탄압을 피해 만주로 중심을 옮겨서 1916년 황해도 구월산 단군사당에서 자결한 후 빠른 속도로 확산되어 이후 한국 독립운동을 주도적으로 이끌었다.(변선환아키브 편, 이은선, 2019, 42쪽)

한편 젊은 시절 나철에게 한민족 고대사와 단군 사상의 의의를 알려주고 함께 단군교를 공표한 해학 이기의 구국론은 더욱 급진적이다. 그는 고려 후기 원나라에 대한 자주를 강조한 『단군세기』(檀君世紀)의 저자 행촌 이암(李嵒, 1297~1364)과 대종교의 경전 『삼일신고』와 『천부경』이 담겨 있는 『태백일사』(太白逸史)를 엮은 조선 초기 이맥(李陌, 1455~1528)의 후손이다. 전북 김제 출신으로 반계 유형원(柳馨遠, 1622~1673)과 정약용의 저술을 읽으면서 현실의식을 키웠고, 집안에서 내려오던 『태백일사』 등을 제자 계연수에게 주어 『환단고기』(桓檀古記)로 엮게 한 것으로 알려져 있다. 그는 젊은 시절 나라를 구할 구국책을 찾기 위해 주류하던 중, 대구의 프랑스 선교사 로베르를 만나 논쟁하며 『천주육변』(天主六辨, 1891)을 썼는데, 거기서 기독교의 핵심인 서구 그리스도론과 관련하여 나름의 고유한 견해를 펼친다. 그는 자신의 유가에서는 "성인의 도덕과 신명이 천(天)과 더불어 하나이지만 천(天)이라고 말하지는 않는다"(聖人其德神明亦如天一者也 然猶不曰天)고 하면서 그 이유는 "인간으로 인간을 가르쳐서 쉽게 알고 쉽게 실행하게끔 하기 위해서"(以人敎人使其易知而易行耳)라고 밝힌다. 곧 이것은 유일 천주의 독단적 서구 그리스도론을 유가 인본주의 천관으로 비판한 것이며, 그 제국주의적 탐욕을 잘 예견한 것이라 할 수 있다.(이은선, 2020, 241쪽)

해학은 이후 놀라운 민첩성과 급진성을 가지고 전면적인 구국론을 펼친다. 1894년 동학농민혁명이 일어났을 때 그것을 국헌을 일신할 절호의 기회로 보았고, 구국의 근본대책으로 '토지 공전제'(公

田制)를 주창했다. 1904년 러일전쟁 후 중립을 주장하는 대한제국을 위해 '한일의정서'에 반대하면서 미국 포츠머스에서 열리는 회담에서 한국에 대한 중요한 결정이 내려질 것을 예견하고 스스로 도미까지 하려 하면서 대책을 호소했다.

알다시피 제2차 세계대전 후 얄타회담에서 미소 간에 결정된 한반도 38도선 분단이 그 회담에서 처음 거론되었다. 그렇게 그는 '도끼를 들어 나라를 혁신하라'는 일부벽파론(一斧劈破論)을 가지고 모든 노력을 경주했고, 홍암과 함께 단군교를 중광하기도 했지만, 이후 얼마 되지 않아 한 객사에서 순결로써 생을 마감한다. 이즈음 선조 이암의 『태백진훈』(太白眞訓)에서 영향을 받은 『진교태백경』(眞敎太白經) 또는 『태백속경』(太白續經)을 저술하는데, 여기서 쓰인 '진교'(眞敎)나 '진훈'(眞訓)이라는 말대로 해학 이기는 나철의 단군교 또는 대종교보다도 훨씬 더 보편적이고 일반적인 종교적 사유로써 자신의 사상을 나타내고자 했다고 필자는 이해한다. 이러한 해학의 추구는 오늘 21세기 대부분 서구 기독교적 창세 이야기(『창세기』)가 인류 보편적 창세 이야기로 받아들여지고 있는 상황에서, 한민족의 단군세기 이야기를 가지고 그 서구적 '보편'을 균열시키고자한 것이고, 그러나 다시 그 단군 내지는 한민족의 특수를 새롭게 더욱 포괄적이고 일반적인 '진교'의 다른 보편으로 열고자 한 일이었다고 필자는 이해한다.(이은선, 2020(1), 248쪽)

몇 년 전 일본의 한국학자 오구라 기조 교수는 『한국은 하나의 철학이다』라는 책을 냈다. 거기서 지금까지 한국 사회를 일관되게 끌고 온 것은 하나의 '철학'이고 '리'(理)이고, 그 구체적인 모습은 "도덕이 권력 및 부와 삼위일체가 된 상태"로 여기는 것이라고 주장했다(오구라 기조, 2017, 21쪽). 그러나 그 말대로 만약 한국인 삶을 견지해 온 리의 운동이 그렇게 '도덕과 권력과 부가 삼위일체'가 되는 방향으로 지향해 왔다는 해석을 그대로 수긍한다면, 그것은 특히 한국 유학자들에게 굴욕감을 안겨 주는 해석이 될 수 있다. 왜냐하면, 홍암이나 해학의 사례에서 드러난 것과 같은 한국 유교의 진정한 '공'(公)의 영성과 종교성을 그가 보지 못한 것이기 때문이다. 즉 그들 삶은 진정 "천하는 천하 사람의 천하이지 (군주) 한 사람의 천하가 아니다"(乃天下之天下, 非一人之天下)라는 말로도 표현되는 '공리'(公理)에 대한 강한 신념을 가지고(『이해학유서』 권2), 그 공을 위해 사(私)를 내려놓고 권력과 부를 향한 '상승' 대신에 자기희생과 자기겸비의 '하강'의 길을 간 것이기 때문이다. 하지만 한편 오구라 교수와 같은 친한(親韓) 일본인에게도 한국인 삶이 그런 모습으로 보였다면 한국 유교가 자신의 본래적인 '천하위공'(天下爲公), '사생취의'(捨生取義) 등의 정신을 잃어버리고, 해학이 당시 유학자들을 묵가의 언어로도 비판하며 지적한 대로 "말은 유가(儒家)이면서 삶은 양주(楊朱)"와 같은 삶을 살아온 것인지도 모르겠다.

20.
한말의 의병 운동과
유교 공(公)의 영성과 종교성

작년(2022)에 국민의힘 정진석 의원의 식민사관 발언으로 논란이 드셌다. 조선이 망한 것은 일본군 침략 때문이 아니라 안에서 "썩어 문드러졌고, 그래서 망했다"고 한 말이다. 또한 "일본은 조선왕조와 전쟁을 한 적이 없다"고 했다. 이 말을 듣고 제일 분노해야 할 사람이 유교인들인 것 같다. 왜냐하면 당시 조선은 유교의 나라였고, 그래서 외부의 침략이 아니라 내부의 부패와 무능력만이 문제였다면, 그것은 모두 유교가 잘못한 것이고, 거기서 유교인들은 아무런 저항적 노력 없이 그저 손놓고 나라를 잃은 것이 되기 때문이다. 이러한 친일 식민사관은 주로 일본 식민주의자들에 의해서 퍼뜨려진 것이고, 한국은 그동안 이의 극복을 위해서 많은 노력을 들여왔지만, 아직도 여전히 이런 말이 회자된다. 아니 윤석열 정부 아래서는 더 거침없이 발설되고 있다. 나는 그러한 발언들은 일본이 조선보다 발

빠르게 받아들인 서구 근대성의 제국주의와 조선 유교의 왕도 정치는 그 지향하는 바가 달랐고, 거기서 무력을 앞세운 침탈 앞에 성학(聖學)의 도의(道義) 정치를 추구하던 조선이 당하지 않을 수 없었다는 것을 생각해 보지 않은 데서 나온 것이라 여긴다. 또한 그 가운데서도 백성들의 거대한 민족적 저항과 항일전쟁이 있었다는 것을 외면하는, 자국 역사에 대한 폄훼와 무지에서 나온 발언으로 본다. 동학농민혁명은 말할 것도 없고, 일군의 유자들이 지도자가 되어서 치열하게 벌인 한말 의병운동과 위정척사(衛正斥邪)운동이 바로 그것들이다.

물론 이미 18세기에 조선 실학자 홍대용도 당시 중국 주자학적 성리학에 빠져서 위기를 드러내고 있던 조선 유교 사회의 정신적 정황에 대해서 "학자들은 입만 열면 성선(性善)을 말하고 말만 하면 반드시 정자(程子), 주자(朱子)를 일컬으나, 재주가 높은 자는 훈고에 빠지고 지혜가 낮은 자는 명예와 이욕에 떨어지고 있었다"라고 날카롭게 비판했었다. 하지만 그런 유교 이데올로기화에 대한 비판에도 불구하고, 그 유교가 불교와의 논쟁뿐 아니라 낯선 서학과의 만남에서도 자신의 궁극적인 가치 평가 잣대를 '공'(公)인가 아니면 '사'(私/利)의 추구인가로 여겨 왔다는 것을 부인해서는 안 될 것이다. 그리하여 예를 들어 최한기(惠岡 崔漢綺, 1803~1877) 같은 학자는 서양 과학과 대화하며 자신의 기학(氣學)을 세울 때도 그것을 "공학"((共)學), "천하공학"(天下共學)이라는 말로 명명하며 과학과 산업조차도 천하와 관계하며, 천하를 포괄하면서 천하 사람들이 함께 배우고 전파하고, 천하에 두루 통하는 보편학으로 강조하였다.(김선희, 2018, 264~269쪽)

그러나 주지하는 대로 이 유교적 '공공'(公共) 관심은 조선 말기로 오면서 많이 왜곡되고 부패하면서 나라는 큰 위기에 빠졌다. 그래도 그 위기를 단지 수동적으로 견딘 것만이 아니라 다시 여러 방식으로 응전했는데, 지금까지 일반적으로 그 위기의 주범으로 비판받아 온 위정척사파(衛正斥邪派)의 보수적 대응도 사실 유교적 공(公)과 의리(義理)의 원리를 다시 강하게 드러낸 것으로 이해할 수 있다. 즉 주리적(主理的) 입장의 척사의리파 배경에서 3.1운동 이전의 의병운동을 이끌던 대표자들이 많이 나온 것이다. 화서 이항로(李恒老, 1792~1868)의 제자 면암 최익현(勉庵 崔益鉉, 1833~1906)과 의암 유인석(毅庵 柳麟錫, 1842~1915) 등이 그들이다. 특히 유인석은 1895년 명성황후 시해의 을미사변으로 반일 감정이 더욱 쌓여 있는 상황에서 단발령이 내려지자 전국적으로 의병 투쟁이 폭발하는 가운데서 국내외 의병 활동을 선도하여 '유림종장'(儒林宗匠)이라는 칭호를 들었다. 의병은 맨 처음 안동에서 일어났다고 하는데, 주로 지역에서 신뢰를 얻고 있던 양반이 의병장이 되었고, 러일전쟁 승리 후 일본이 1905년 을사늑약을 강요하며 대한제국 침략을 가속화하자 더욱 크게 확산되었다. 1907년 대한제국 군대가 강제로 해산당하자 군인들이 속속 합류했다.

『한국독립운동지혈사』의 박은식에 따르면 "의병이란 것은 민군(民軍)이다." 그것은 나라가 위급할 때 "의(義)로써 분기하"는 사람들인데, 이 의병은 우리 민족에게 오래된 전통이고, 일본이 대한제국을 합병하기까지 "2개 사단의 병력을 출동하여 7, 8년간 전쟁을 한 것도 의병의 저항이 있었기 때문"이라고 밝힌다. 만약 이들이 아니었더라면 "우리는 짐승이 되었을 것이다"라고 말한다.(박은식, 1999, 51~52쪽) 이러한 모든 의병 활동의 정신적 토대가 바로 화서가 강조한 대로 "(천하의) 대본(大本)을 세우는" 일을 중시한 것이고, 이 대본(理/義)을 세우는 일의 출발은 우리 마음의 천리와 인욕을 엄격히 구별하고, 인욕의 사(私)를 제거하는 일에 있음을 강조했다. 유인석은 말하기를,

> 공(公)하면 하나가 되고, 사(私) 되면 만 가지로 갈라진다. 천하를 하나로 할 수 있는 것은 의리가 아니면 할 수 없고, 진실로 의리로써 하나 되고 공(公)에서 나온다면 비록 천하가 하나 되길 바라지 않아도 하나가 된다.(『의암집』 권33, 잡저, 58쪽, 이종상, 2002, 387쪽)

라고 했다. 이러한 언술에서도 드러난 대로 유교의 역할이 의병 활동 등과 더불어 이후 전개되는 독립항쟁의 중요한 밑받침이 되었다. 그것은 특히 인간 삶의 '공'(公/義)을 강조하고, 사적 이익의 추구를 배격하는 일을 '천'(天)과 '초월'(理/性)과 연결하여 보면서 위급한 경우 생사를 초월하여 자신을 내어주는 힘 있는 주체의 능력으로 작용하는 것을 말한다. 그런 의미에서 이 힘이야말로 유교의 고유한 종교성과 영성을 드러내는 것이고, 이 힘이 한말 독립운동 과정에서도 크게 역할을 했다고 보는 바이다.

몇 년 전 TV에서 인기리에 방영된 드라마 '미스터 션샤인'에서도 주목된 바 있는 안동 고성(固城) 이씨 종가 임청각의 이상룡(石洲 李相龍, 1858~1932)의 행보도 이런 유교 의리 정신이 잘 표현된 것이라 본다. 잘 알려진 대로 이회영(李會榮, 1867~1932) 가와 더불어 이상룡은 나라가 위기에 처하자 국내에서의 활동에 한계를 느끼고 기득권을 모두 내려놓고 재산을 정리하고 노비를 풀어주면서 온 가족을 인도하여 만주 간도로 갔다. 거기서 힘을 합해 교포자치기관으로 경학사(耕學社)를 조직하고 나중에 신흥무관학교(新興武官學校)를 일으켰으며, 1919년 3.1운동 이후에는 대한민국임시정부 관할 하의 서간도 군사기관인 서로군정서(西路軍政署)로 확대 개편하였고, 이상룡은 임시정부의 초대 국무령(1925)을 지냈다. 이들이 이렇게 구체적으로 농업과 교육 등의 민생과 군사와 나라의 독립에 모든 것을 내놓을 수 있었던 것은, 바로 '실'(實/理)과 '공'(公)에 대한 깊은 유가적 믿음으로 그 실(實)과 천(天)과 이상(理)이 결코 이 현실(氣)과 인간과 군사와 농업이나 교육 등의 구체성과 둘로 나누어지지 않는다고 보는 정신적 통찰 덕분일 것이다. 박은식도 "의병이란 것은 독립운동의 도화선이다"라고 하면서 그 의병운동의 성패에만 매달려서 논평한다면 "식견이 천박한 것"이라고 했다. 의병운동의 기반에 유교의 깊은 '지공무사'(至公無私)의 영적 추구가 있었던 것이다.

3.1운동을 주도하던 대표자 그룹에 유교 측 인사가 들어가지 못한 것을 애석해하던 유림의 지도자들은 곽종석(郭鍾錫, 1846~1919)과 김창숙(金昌淑, 1879~1962), 김복한(金福漢, 1860~1924) 등이 주도해서 1919년 파리강화회의에 대표단을 파견하여 한국 독립을 위해 세계의 도움을 요청하는 〈파리장서〉(巴里長書)를 보냈다. 보통 '제1차 유림단 사건' 등으로 불리는 이 일에 이어서 '제2차 유림단 사건'은 1924년부터 다음 해까지 김창숙을 중심으로 해서 수행했던 만주의 독립군 기지 건설을 위한 군자금 모집 사건을 말한다. 여기서 국내와 국외를 넘나들며 자신의 장남까지 동원하여 비밀리에 군자금 모금을 주도했던 김창숙이 있었다. 그의 삶은 을사늑약 소식에 큰 울분을 토했던 매천 황현에 뒤이어 유교의 '마지막 선비'로 칭해지며 치열한 항일투

쟁을 전개하고, 해방 후 이승만, 박정희 시대에서의 민주화와 민족통일을 위한 투쟁까지 이어졌다. 그 공의를 향한 치열함과 강직함, 저항과 순도(殉道)의 희생정신은 후세대로 하여금 말을 잊게 한다.

이어서 19세기 영남 유림의 종장어던 안동 김흥락(金興洛, 1827~1890) 가(家) 이야기는 또 다른 모습으로 유교 공(公)의 추구를 보여준다. 즉 그 가족은 19세기 중·후반의 농사를 20두락(마지기)으로 유지하면서 농한기인 10~1월까지는 하루 2끼 식사로 만족해야 할 정도로 풍족한 삶이 아니었지만, 스스로 농사짓는 양을 한정하며 할 수 있었어도 더 많은 재산을 모으려 하지 않았다고 한다.(미야지마 히로시, 배항섭·김건태, 2015, 338쪽) 그 이유는 유교 도는 재산의 확대 재생산을 끝없이 추구하는 행위를 좋게 보지 않았고, 분수에 넘는 지나치거나 타인의 희생을 강요하는 재산 증식을 삼가는 것을 가르쳤기 때문이다. 대신 나라와 인민이 위험에 처하자 가장 김흥락은 칠십 노구에도 을미(1895), 병신(1896)년에 의병 관련 통문 여러 건에 깊이 관여하여 안동 의병진에서 정신적 지도자가 되었다. 이런 모든 이야기는, 그렇다면 오늘 21세기 대한민국 현실에서는 그러한 유교 '공'(公/義)의 의식과 영적 힘이 계속 이어지고 있는지, 아니면 모두 과거 역사 이야기일 뿐인지 묻도록 한다. 앞으로의 시간에서 유교 의식의 부활과 관련된 중요한 물음이다.

21

근대 유교개혁과 진암 이병헌의 유교종교화 운동

    퇴계 선생 말년의 중요한 책자 중 『무진육조소』(戊辰六條疏)가 있다. 거기서 선생은 막 왕위에 오른 어린 선조(宣祖)를 위해서 참된 성군(聖君)이 되는 정치에서 가장 근본이 되는 일로 '하늘'(天)을 이 땅의 부모를 섬기는 일처럼 섬기는 일, 즉 "효천"(孝天)을 강조하셨다. 그러면서 "하늘의 사랑"(天愛)에 대한 깊은 믿음(誠)으로 그 하늘의 일을 대신하는 자로서의 두려움(敬)과 반성(恐懼修省)을 그치지 말 것을 간곡히 당부하셨다. 이와 같은 곡진한 하늘 신앙(事天/敬天/孝天)의 후예들이 자신들의 도(道)와 가르침을 하나의 '종교'(宗敎, religion)로, 보다 신앙적으로 드러내고자 한 것은 어쩌면 자연스러운 일인지 모르겠다. 비록 유교의 공자(孔子)와 관련해서 그 위대성과 독특성은 그가 역사에서 그렇게 중대한 역할을 떠맡아 왔음에도 불구하고

"그를 신성화하려는 후대의 모든 가당치 않은 시도들을 저지한 것"이라고 하는 평가가 있지만 말이다. 그만큼 20세기로 들어오면서 동아시아와 조선의 상황은 점점 더 가해지는 서구 제국주의의 침략 속에 종전의 '학'(學)의 수준에서 이해된 유교로서는 맞서기 어려웠고, 거기서 온 민족을 규합할 더 근원적인 근거를 찾아야 했다. 민중 속에 급속히 파고드는 서구 기독교와 동학(천도교), 대종교 등과 나란히 하면서 그래도 그보다 더욱 보편적이고 세계내적(世間的)으로 사람들을 하나로 묶을 기제를 전통의 유교 안에서 보면서 그 유교의 종교화를 시도한 것이다.

먼저 퇴계 학맥의 리(理) 중심성을 더 세차게 밀고 나간 한주 이진상(寒洲 李震相, 1818~1886)의 아들 이승희(李承熙, 1847~1916)가 있다. 그는 유학자로서 국내에서 여러 항거에도 불구하고 국운이 기울어가는 것을 막지 못하자 1908년 62세의 나이로 러시아 망명길에 올랐다. 거기서 그는 한국인 정착촌을 건설하고, 1913년 만주 길림성, 흑룡강성, 봉천성 일대의 동포들을 결속시키고자 '공교회'(孔教會) 설립 취지서를 발표하였다. 같은 퇴계 학맥에서 서산 김흥락이나 만주로 이주한 석주 이상룡의 영향 아래서 송기식(宋基植, 1878~1949)은 국내에 남아서 '공자도'(孔子道)를 중심으로 한 유교 종교화 운동을 추진했다. 그는 『유교 유신론』(儒教維新論)에서 유교 쇠퇴의 원인으로 양반 계층의 과거시험 독점과 세력 점유, 유림에서 사색당파의 당론을 완전히 풀지 않은 점 등을 거론하면서, 그 핵심이 '지공무사'(至公無私)와 '대동사회'(大同社會)인 유교의 종교성을 부각하는 일을 통해서, 치유와 부흥의 길을 찾고자 했다. 특히 유교 '경'(敬)의 덕목을 서양 기독교에 필적할 만한 것으로 보면서 그 종교화(孔敎會)를 위해서 공자를 상제의 대리자로 섬기는 일, 입교(入敎) 의식을 행하고 단위 지방부터 '교회'를 설립하는 일, 기독교의 주일(主日)이나 천도교의 시일(侍日)처럼 '복일'(復日)을 정해 지키고 함께 모이는 일, 경전을 번역하는 일 등 다양한 방식을 제안하며 공교(孔敎) 운동을 주창했다.(宋基植 저, 1998; 김순석, 2016, 73~75쪽)

경남 함양에서 태어난 진암 이병헌(眞菴 李炳憲, 1870~1940)은 진정 온몸과 마음을 바쳐 유교개혁을 통해서 위기에 빠진 나라를 구하고자 한 대표적인 유교 종교화 운동가이다. 특히 중국의 변법자강 유교 개혁가 강유위(康有爲, 1858~1927)의 공자교(孔子敎) 운동으로부터 큰 도움을 받았다. 한말의 매우 어려운 상황에서도 개인적으로 다섯 차례나 중국으로 건너간 그는 그 가운데서 공자 후손과 친분이 있던 퇴계 가 13대손 하정 이충호(霞汀 李忠鎬, 1892~1951) 종손의 도움으로 한국 공자교 지회를 설립했다. '공교회 조선지부'의 교회로서 1923년에 산청 땅에 배산서당(培山書堂)을 세우고, 거기에 공자의 고향 곡부에서 모사해 온 공자상을 모시면서 공자교의 경전인 금문경(今文經)을 받아와서 전통적인 '향교식 유학'이 아닌 종교로서의 '교회식 유교'를 펼쳐나가고자 했다.(윤호진, 2017, 143쪽)

그는 소년 시절 중국 문헌에 우리나라를 오랑캐(夷狄)라고 하고, 우리나라 사람들이 스스로를 비하하는 습관이 있는 것을 보고 울분을 느꼈다고 한다.(금장태, 2003, 17쪽) 이렇게 민족의식이 일깨워지기 시작한 그가 이후 맺어온 사승 교유 관계는 매우 폭넓었다. 이진상의 수제자인 곽종석과 호남 유학의 거장 노사 기정진, 또 화서 이항로의 문인 연암 최익현도 여러 차례 예방했다고 한다. 42세 때 서울에 올라가 박은식(朴殷植, 1859~1925)도 만났고, 천도교 교주 손병희(孫秉熙, 1861~1922), 대종교의 나철과 2대 교주인 김교헌(金教獻, 1868~1923)도 만났다. 이후 중국으로 가서 강유위의 지도를 받으며 공교(孔教) 사상을 정립했는데, 강유위는 국가의 명맥을 유지하고 민족정신을 고취하는 길로 종교의 중요성을 말했고, 유교를 다시 종교로 재건하는 일을 역설했다.(금장태, 2003, 38쪽)

한편 이병헌이 48세 때인 1917년 조선총독부는 '종교령'(宗教令)을 제정해서 유교를 종교에서 삭제하고, 친족 단위의 가족 묘제(墓制) 대신에 지역 공동묘지 제도로 바꿀 것을 요구했다. 이 시행이 곧 유교를 사멸시키는 길이 될 것임을 알아차린 이병헌은 어떻게든 그것을 철회시키고자 노력했지만 뜻을 이루지 못했다. 대신 1918년부터 공교를 지키는 방법으로 '민립문묘'(文廟)를 설립하여 교조 공자를 존승하는 길을 열고자 했고, 그 일을 위해서 배산서당을 세워 그곳에 문묘를 비롯한 '도동사'(道東祠)와 강당을 짓고 유교를 공자교로서 복원하고자 애를 쓴 것이다.

　이병헌의 유교 개혁과 종교화는 그의 남다른 역사와 경서(經書) 이해에 근거한다. 그는 유교를 점점 더 민족의식과 연결해서 공자를 유일한 교조로 높이면서도, 그 근원을 복희씨와 순임금에게로 거슬러 올라가서 그들이 조선 사람이라는 것을 자신의 「칠천년역사정의」(七千年歷史正義)에서 논증하고자 했다. 그러면서 "사람들이 공자가 중국의 성인임은 알면서도 우리나라의 동족임을 알지 못하고, 공교가 중국의 종교인 줄은 알면서도 우리나라의 종교임을 알지 못하는 것은 아직 생각하지 못한 것"이라고 하면서 유교가 그 근본에서 우리나라에서 나온 종교라고 역설하고, 그래서 우리 민족이 유교를 받들어야 하는 당위성이 있음을 주장했다.(금장태, 2003, 165~166쪽) 이러한 주장과 함께 「종교철학합일론」(宗敎哲學合一論)에서 서구의 종교는 철학이나 과학과 서로 나뉘지만, 동방의 유교는 그들과 서로 소통하고 결합하므로 앞으로 인류 사회에서 유교야말로 가장 이상적인 종교 모형이 된다고 주장했다.(금장태, 2003, 104~108쪽)
　이병헌은 강유위와 함께 금문경학 연구에 필생의 힘을 기울였다.

특히 그의 공교사상이 핵심 근거로 삼는 『역경』(易經)의 이해와 관련해서 『역』은 공자가 가르침을 베푼 경전이며, 그 관괘(觀卦)에 나와 있는 대로 "신도(神道)로써 가르침을 베푼 것"(以神道設敎)으로서 "신(神)이라는 한 글자는 『역』(易)의 전체를 결집시키는 자리"(神之一字, 爲易總會處, … 神爲宗敎之標本, 天道之極致. 『李炳憲全集』 하, 27쪽, 「經說·易說」)라고 강조한다.(금장태, 2003, 195쪽) 그에 따르면, 공자가 평소에 '신'(神)을 잘 말씀하지 않은 이유는 사람들을 쉽게 깨우치게 하려고 사람의 몸에서 '심'(心) 자를 집어내서 "심이 곧 신"(心卽神也)이고, 심을 밝힘으로써 신을 드러낼 수 있다고 여겼기 때문이다. 여기서 그는 신에 대한 세세한 분석보다는 『중용』 '성'(誠)의 중요성을 강조하며 인간 마음의 정성됨(誠)을 매개로 신과 심이 소통하고 상제와 인간이 소통하는 종교적 세계를 확보하고자 했다.

이것은 한국 개신교의 토착화 신학자 윤성범의 '성(誠)의 신학'과 매우 상통하고, 또한 필자가 이제 우리 하나님 이야기(God-talk)를 더는 '신학'(神學)이 아닌 '신학'(信學)으로 말해야 한다고 주장하는 것과도 잘 연결된다. 이병헌은 배산서당에 당시 유교인들은 상상하지도 못했던 공자 문묘를 민립으로 세우고, 거기에 그의 그림 상까지도 모셔왔는데, 이것은 전통적으로 하늘(天)에 대한 제사를 중국의 왕에게 한정해 왔던 것과 같은 '거룩(聖)의 독점'을 한국인으로서 급진적으로 해체하고자 한 것으로 필자는 이해한다. 또한, 그의 배산 서당 설립과 관련해서 당시 보수 유교 집단의 저항과 반대가 심했다. 그중 더 극심한 반대에 직면한 것은 서당 안의 도동사(道東祠)에 퇴계와 남명의 위패와 더불어 이병헌 개인의 조상을 함께 모신 일에 대한 것이었다.

이러한 논란에 대해서 이병헌은 유교 복원을 위해서는 유교인 공통의 교조 공자를 모두가 가깝게 다가갈 수 있도록 하는 일이 긴요하다고 강조했다. 또한 한 사회의 공동적 정신의 조상을 모셔 유교가 잃어버린 공공성을 회복하도록 하며, 동시에 각자 자신의 조상과 부모에 대한 효와 공경을 함께 연결해서 유교가 진정 살아 있는 종교로 역할할 수 있도록 하기 위해서라고 응답했다. 매우 현실적이고 실사구시적인 사고라고 생각한다. 공(公)과 사(私), 이 관계는 전통 유교뿐 아니라 서구 기독교에서도 큰 문제인데, 이병헌은 자신의 배산서당의 예에서 이 둘의 통합과 통섭을 추구했다고 필자는 이해한다. 이런 이병헌의 공교(孔敎) 이상이 민족주의적 편협함이나 나름의 한계를 노정하고 있는 것도 사실이지만, 앞으로 인류 미래의 종교와 새로운 인류세를 위해서 여러 의미 있는 관점을 내포하고 있는 것을 본다. 다음 마지막 글에서 이 관계를 더 살피며, 한국 유교와 기독교의 대화로부터 인류 미래의 종교를 위해서 어떤 가르침을 얻을 수 있는지 보고자 한다.

22.
유교와 기독교의 대화와 인류 종교의 미래

2022년 1년에 걸쳐서 '한국 페미니스트 신학자의 유교 읽기'라는 제목 아래 유교와 기독교의 대화를 진행해 왔다. 그것은 오래전 서구 기독교 신학의 한복판에서 '밭에 감춰진 보화'처럼 만난 동아시아 유교 전승들과 대화하면서 나름으로 이 대화가 인류 문명의 미래를 위해서 어떻게 도움이 될 수 있을까를 고민해 온 시간이었다.

나는 동아시아 유교 기원과 전개에서 한국 유교가 단지 외래로부터 전해 받은 것만이 아니라 그 근본적인 토대가 놓여질 때 긴요한 역할을 했고, 특히 매우 고유하게 조선적 유교로 전개되어 왔음을 주장했다. 또한, 유교 문명은 토착 지역의 오랜 무교(巫敎)나 도교(道敎)적 토양에서 함께 성장하면서 인도 문명으로부터 전해받은 불교와 깊게 대화하며 '신유교'(新儒敎, Neo-Confucianism)로 전개된 것을 살폈는데, 조선 유교는 특히 이 신유교의 확장인 것을 보았다. 그러므로 이 신유교와 더불어 서양 문명의 두 토대인 유대 히브리 정신과 그리스·로마 정신 위에서 성장한 서학(천주교)이나 개신교(프로테스탄트) 기독교와 대화한다는 것은 그 자체가 인류 문명의 거의 모든 종교 전통을 포괄하는 대화가 됨을 드러내고자 한다.

아닌 게 아니라 오늘 21세기 세계정세를 보면 미국과 중국이라고 하는 세계 두 헤게모니 사이의 각축이 치열하고, 그 둘의 관계 맺음에 따라서 인류 전체의 미래가 크게 좌우될 것임을 부인하기 어렵다. 그런 가운데 한반도 땅에서는 지구상 어느 곳에서도 찾아보기 힘들게 이상의 모든 종교 전통이 여전히 활발히 역동하고 있다. 그러므로 이 땅에서의 유교와 기독교의 대화에서, 그중에서도 이제까지 본문에서 주로 초기 서학(천주교)과의 만남에 집중했다면, 마무리로 현대 개신교와의 만남을 잠깐이라도 살펴보는 것이 인류 종교의 미래를 그리는 일에서 필요하다고 본다. 1884년경 아펜젤러나 언더우드, 알렌과 스크랜턴 등의 서양 선교사들 입국으로 본격적으로 시작된 한국 개신교는 유교와의 만남에서 주로 전격적인 '개종'(改宗)을 주장했다. 거기서 기독교 신앙은 주체가 되고 유교는 그 신앙의 보완자가 되었는데, 최초의 개신교 신학자라 할 수 있는 정동감리교회 초대목사 탁사 최병헌(濯斯 崔炳憲, 1858~1927)의 『만종일련』(萬宗一臠)

(1922)도 그랬지만, 칸트의 『순수이성비판』을 번역해 냈고, 칼 바르트를 사사한 후 단군 이야기를 기독교 삼위일체 이야기와 견주기도 한 해천 윤성범(海天 尹聖範, 1916~1980)의 『성(誠)의 신학』도 유사했다. 이어서 필자가 한국의 한 토착화 여성신학자로 보는 원초 박순경(原草 朴淳敬, 1923~2020)의 (민족)통일신학도 히브리 유대 민족의 창세기 연원을 동이족 창세기에서 찾으면서 어느 다른 토착화 신학보다 더 과감하게 나갔지만, 마침내는 그 모든 역사가 히브리 기독교의 하나님에 의해서 성취되는 것으로 그리고 있다는 점에서 크게 다르지 않다.(박순경, 2014; 한민족 통일신학연구소, 이은선, 2022, 52쪽 이하)

이런 가운데 일련의 개신교 사상가들은 훨씬 더 적극적이고 창조적으로 한국 유교 전통을 내면화하면서 나름의 고유한 신학과 종교의식을 펼쳐나갔다. 요사이 더욱 주목을 받고 있는 다석 유영모(多夕 柳永模, 1890~1981)는 유불도 삼도(三道)뿐 아니라 대종교 『삼일신고』(三一神誥)나 『천부경』(天符經) 등의 언어를 깊이 체화해서 지금까지 어느 개신교 신학자도 넘지 못한 전통 기독교 그리스도론의 배타주의를 나름으로 넘어섰다. 그는 유교 『중용』(中庸)의 '중'(中) 개념이나 『대학』(大學)의 '민'(民)을 예수의 그리스도성을 지시하는 언어로 해석해서 그 그리스도성이 단지 2천 년 전 유대인 청년 예수에게만이 아니라 모두에게 보편적으로 부여된 하늘적 '씨앗'과 '바탈'이라고 보았다.(이정배, 2020) 다석의 제자로서 함석헌(咸錫憲, 1901~1989)은 스승보다 훨씬 더 탈종교적이고 보편의 언어로써 이 세상의 현실과 정치, 역사 속에서의 하늘 영(靈)의 활동과 '씨올'의 역동적 활동을 강조했다. 필자가 그와 같은 맥락에서 한 "인(仁)의 사도"라고 파악한 함석헌은 '염재신재'(念在神在, 생각이 있는 곳에 하나님이 있다)라는 말을 좋아하는 스승 유영모처럼 온 우주의 "영화"(靈化)를 말하며, 씨올의 핵심을 '사유하는 일'(思, "생각하는 백성이라야 산다")로 보았다. 나는 여기서 깊은 맹자적 전승을 보고, 또한 그가 민족 개조에서의 정치와 종교의 합작과 "혁명의 명(命)은 곧 하늘의 말씀이다"라면서 그 명을 공자의 천명(天命)과도 연결하는 일 등이 유교의 맹자적 의(義) 의식과 잘 연결되는 것을 본다.(이은선, 2016)

그런데 사실 이들 모두에게 먼저 큰 영향을 준 사상가는 도산 안창호(島山 安昌鎬, 1878~1938)였다. 보통 개신교 기독교 사상가로 알려졌지만, 그 삶과 사상에서의 유교적 뿌리와 전개는 주목할 만하다. 대표적으로 그의 '흥사단'(興士團) 운동을 말할 수 있는데, 유교 중용(中庸)과 성(誠)의 '점진'(漸進)의 덕을 민족 독립과 자주뿐 아니라 인류 공동체 미래를 위한 참된 영적 생활 공동체 운동으로 펼치고자 했다. 유사한 맥락에서 김교신(金敎臣, 1901~1945)의 무교회 운동이 있다. 앞서 살펴본 유교 개혁가 이병헌은 유교 종교화로서 '공교회'(孔敎會) 운동을 주창했지만, 김교신은 오히려 '무교회' 신앙을 강조했다. 그는 신생 한국 개신교가 서구에서 만들어진 각종 교단과 교권에 좌지우지되는 것을 보고서, 참 신앙이란 그렇게 눈에 보이는 교회에 속하는 일과는 상관없이 스스로가 성서를 읽고 해석하면서 민족적 현실에 참여하며 "날마다 한 걸음"(日步)씩 나아가는 구도 정신이라고 파악했다. 그는 유교 남성들이 당연시해 왔던 호(號)를 붙이는 일도 일종의 특권 의식으로 보아 거부했는데, 그가 함석헌, 송두용 등과 함께 창간한 월간지 『성서조선』은 그러한 김교신의 대쪽 같은 선비 정신과 독립 기독교 신앙이 함께 일구어낸 뛰어난 열매라고 할 수 있다.(김정환, 1994)

1974년 '한국 그리스도의 교회 선언'으로 또 다른 한국 기독교의 독립 정신을 강조한 이신(李信, 1927~1981)은 무교회가 아니라 한국 교회의 근본적인 갱신을 통해 새교회운동으로 그 뜻을 이루고자 했다. "신앙마저 남의 나라의 종교적 식민지가 되어서는 안 된다"는 것을 강조한 그는 서구 교회로부터 온 교단과 교권의 분열을 넘어서 초대교회 그리스도의 정신으로 돌아가는 '한국 그리스도의 교회' 환원운동을 주창했다.(이신, 2011, 358쪽 이하) 또한, 특히 신앙의 영적 역동성과 전위성을 강조했는데, 히브리 신구약 중간기 묵시문학에 나타난 하나님 신앙의 시대 전복적 의식과 전적 새로움에 대한 간구가 시대와 민족, 문화 등의 차이를 넘어서 "영(靈)의 동시성"으로서 역동하는 것에 대한 큰 믿음(信)을 가지고 있었다. 그 믿음과 신뢰를 그는 인간 인식 연구에서 불모지와 다름없는 '상상력'(imagination)과 '환상' (fantasy)으로도 이해했는데, 예수의 하나님 의식, 키르케고르나 본회 퍼의 고독과 저항의식, 한반도 최제우의 민중의식, 20세기 미래 전 위파 예술 운동 등에서도 유사하게 재현되는 것으로 본 정도로 그의 하나님 영(성령)의 역동성에 대한 감각은 포괄적이고도 포함적이었 다. 그리하여 나는 그러한 이신의 사유가 16세기 조선 신유교 성리 학의 창조에서 전위적인 역할을 한 퇴계의 '천명'(天命)이나 '이도'(理 到) 의식과도 잘 통한다고 보고 그 둘의 사유를 우리 시대를 위한 참 된 "신학"(信學)의 의미로 해석하고자 했다.(이은선, 2021, 129쪽 이하)

21세기 오늘 지금까지 인류 문명이 소중히 가꾸어 온 정신적 '예 지성'(理)과 온갖 드러남의 다양성 속에 내재하는 초월적 '인격성'(命), 그리고 모두가 하나라는 지속하는 기반으로서의 '공동체성'(仁)이 크 게 위협받고 있다. 그래서 우리는 더욱더 힘을 주어서 한 존재의 존 엄이나 권리를 그가 이미 여기 지금 단순히 '태어나 있다'(natality/生 理)라는 간명하고 직접적인 현실(탄생성) 속에서만 찾는 일을 감행해 야 한다. 지금까지 그래왔듯이 어떤 종족이나 국가, 종교나 문명의 소속 여부에 따라 그것을 조건지워서는 안 된다는 의미이다. 그것 은 다르게 말하면, 이제 우리 인류는 '인류 보편 종교'(religio catholica/

眞教)의 시대로 들어섰다는 것이고, 필자는 지금까지 살펴본 대로 이러한 '보편 종교'(acommon religion)의 이상이 어느 경우보다도 한국(신)유교와 기독교의 만남에서 잘 찾아질 수 있다고 보는 바이다. 예를 들어 '易·中·仁'(역·중·인)이나 '聖·性·誠'(성·성·성) 등의 언어 쌍과의 대화인데, 이 언어들은 전통 기독교의 '신론'(神論)과 '그리스도론'(구원론), '교회론'(성령론) 등을 훨씬 더 보편적이고 탈종교적으로 표현해줄 수 있다고 보기 때문이다. 다시 더욱 포괄적이고 세속적으로 말해보면, 이미 동학의 최제우 선생도 밝힌 바 있는 '誠·敬·信'(성·경·신)의 세 언어가 있다. 이런 것들에 더해서 그러나 그 모든 것에도 불구하고 필자가 보기에 아직 깊이 천착되지 못한 무의식의 차원이나 여전히 큰 보편 속에 통합되지 못한 우리 삶에서의 성차와 젠더의 문제를 어떻게 할 것인가의 물음이 남아 있다. 미래의 보다 생명 살림적인 한국적 보편종교(天地生物之理/心)로서의 한국 신학(信學)을 위해서 앞으로 더욱더 씨름해야 하는 주제라고 생각한다.

2부

한국 종교문화사 전개와
현대 페미니즘

1. 한국 종교문화사를 여성주의적으로 이해하기

　한국 여성의 종교성에 관한 필자의 생명 문화사적 관심은 오래된 것이다. 2002년 '한국정신문화연구원'이라고 칭해지던 한국학중앙연구원에서 제1회 세계한국학대회가 열렸을 때 이에 관한 첫 발표를 했고, 이후 다듬어진 글로 몇 군데 내놓았다. 2007년 성균관대학교 한국철학전공 박사학위 주제였던 '조선 후기 여성 성리학자 임윤지당과 강정일당 연구'도 이 기본적인 이해 틀 안에서 이루어졌다. 오늘 한국 페미니스트 신학자의 유교 이해를 엮으면서 다시 이 글을 가져오는 것은 이 한편의 글 속에 필자의 세계관과 종교관뿐 아니라, 특히 오랜 기간에 걸쳐 형성된 한국 여성들의 종교적 체험과 그 중첩된 과정을 추적함으로써 인류 종교문화사 또는 한국 종교문화사의 어떤 모형을 밝힐 수 있다고 보기 때문이다. 이 말은 오늘 21세기 한국 여성들의 종교성이 곧 인류가 이 지구 집에서 지금까지 일구어 온 다양한 종교 전통의 통섭과 집약이 될 수 있다고 보는 것을 말한다.

이렇게 필자는 인류와 한국인들의 삶과 문화를 그 정체성 측면에서 '생명 문화사적'으로 살펴보는 일에 관심이 있다. 이렇게 말하면 혹자는 오늘과 같은 시대에 왜 다시 '정체성'을 말하려는 것일까 하고 의아해 할 것이다. 하지만 민족에 대한 의식도 포함하여, 큰 공동체가 공유하는 담론 형성은 그 담론 내용에 대한 구체적인 몸 체험 없이는 가능하지 않고, 그래서 상상과 의식이란 결코 허망한 허공의 것이 아니라고 여기기 때문이다. 더군다나 민족 등 큰 의식의 형성은 아주 오랜 기간을 필요로 했을 것이며, 특히 한국의 경우는 미국 등과 달리 민족적 구별의식 형성이 오늘날 시대구분으로서의 근대보다 훨씬 이전부터 시작되었을 것이라고 보기 때문이다. 21세기 오늘은 그동안의 서구 근대식 세계 이해가 매우 근시안적이고 많은 경우 환원주의적이라는 한계가 드러나고 있다. 그리하여 그 대신에 좀 더 장기간의 전개와 변화 과정에 관한 관심이 요청되므로 민족 담론에 있어서도 그것을 단번에 파기해 버리기보다는 새로운 시각을 첨가해서 다층적으로 살피는 것이 필요하다고 생각했다.

지금까지 한국인의 역사와 문화 탐구에서 그 주체와 대상은 거의 남성이었다. 그러나 이 글에서는 여성이 주체와 대상이어서 지금까지 긴 역사 과정에서 어떻게 그들 삶이 이루어져 왔으며, 어떠한 의식 속에서 울고 웃으며 희망과 절망을 품어 왔는지를 보고자 한다. 이러한 시간 과정에 대한 여성주의적 시각은 역사적 현실을 좀 더 작은 규모와 척도를 통해서 보려는 미시사적인 시도와 통한다. 이것은 사회를 더욱더 문화적인 텍스트로 보는 것을 의미하며, 이제까지 감추어져서 드러나지 않던 여성들의 실명을 찾아내어서 그들의 구체적 삶을 통해서 역사 과정의 맥을 새롭게 찾으려는 것이다. 즉 삶을 하나의 '내러티브'(narrative), '이야기'로 보는 관점을 말한다.[1]

한국에서도 20세기에 들어와서 서구 페미니즘의 영향으로 여성들의 자의식이 깨어나면서 지금까지 전통사회 속에서 해 왔던 역할에 대한 많은 반성이 있었다. 지금까지 묻혀 있던 여성들의 전기가 발견되고 그들의 생활사가 추적되면서 그러한 미시사가 결코 거시사적 틀 속의 한낱 모자이크 조각이 아니라는 것이 밝혀지고 있다. 이런 가운데서 우리가 잘 이해할 수 있듯이 현대 여성의식에 의해 각성된 한국 페미니스트들에게 전통은 많은 경우 매우 부정적인 것이었다. 왜냐하면 이들에게 전통적인 여성들의 삶은 아주 굴욕적이며 여성비하적인 것으로 보였기 때문이다. 따라서 많은 한국 페미니

---

1   줄리아 크리슈테바, 『한나 아렌트, 삶은 하나의 이야기이다』, 이은선 옮김, 늘봄, 2022.

스트들은 '전통'이나 '민족' 또는 '종교'들과 상관하기를 원치 않으며, 그리하여 그들의 학문적 시각은 주로 사회과학적이고, 현재 중심적이며, 근대 계몽주의적인 것으로 일관한다. 그러나 필자는 한편으로는 이러한 입장에 수긍하지만, 다른 면에서는 이러한 현대 페미니즘 시각의 한계와 편파성을 본다. 그것은 인간 삶이란 표피적이고 단편적인 분석만으로는 온전히 파악할 수 없으며, 전통으로부터 완전한 단절이란 또 하나의 지극한 허구가 되기 쉽기 때문이다.

지금까지 '종교'라는 틀을 가지고 한국 역사와 정신을 통사적으로 살펴보는 일은 그렇게 전개되지 못했으며, 특히 여성들 삶 속에서 그 종교문화사적 흐름을 살펴보는 일은 드물었다. 20세기에 들어와서 함석헌은 기독교 시각에서 한국의 전(全) 역사를 통사적으로 의미 지었다. 기독교적인 종말 역사관의 의미로 한국 역사를 해석하며 그 전개의 맥을 찾고자 노력한 것이다. 판이 거듭될수록 그는 좁은 기독교적인 시각도 벗어나서 "성서" 대신에 포괄적인 "뜻"(의미)의 역사로서 한국 역사를 표현했는데, 그 기본적인 시각은 종교적인 시각으로 역사 속에서 '성'(聖, The Sacred)의 의미를 추적한 것이라고 본다. 필자도 기본적으로 이와 유사한 입장에서, 그러나 이번 탐구는 여기에 덧붙여서 현대 여성주의적 시각을 가지고 살펴보고자 하는 것이다.

종교는 자아와 인간 삶을 가장 심층적으로 종합하는 기제라고 할 수 있다. 한 개인 또는 한 사회의 종교의식은 그러므로 가장 심층적이며 포괄적으로 그 개인 또는 시대의 의미 물음들을 표현해주는 것이리라. 그러므로 이 종교의식에 관한 탐구 없는 정체성 연구는 삶과 문화에 대한 핵이 빠진 연구가 되며, 깊이가 없고 방향성이 없는 연구가 되기 쉽다. 이와 더불어 필자는 종교의식에서도 '진화'와 '전개'의 역사를 본다. 한 개인의식이 그 종교경험과 의식을 통해서 변하고 전개되듯이 한 공동체 의식에서도 종교경험과 의식의 전개는 뚜렷하여 그 맥과 뜻을 찾아볼 수 있다고 보는 것을 말한다. 이것은 궁극적으로 종교와 문화에 대해서 좀 더 문화 학습적이며 교육적인 이해를 시도하는 것이다. 그러나 우리가 보통 이해하는 좁은 의미에서의 교육이 아니라 생명과 역사의 전(全) 과정을 뜻의 발달사로 보려는 의미에서이다. 그래서 이렇게 좀 더 긴 기간의 전망과 더불어 심층적인 삶의 전개에 대한 의미 전망을 해 보면, 한국 전통 여성들의 삶이 그렇게 부정적인 것만이 아니며, 그런 의미에서 현대 페미니스트로서 민족과 전통, 종교 등과 새롭게 관계 맺을 가능성을 찾을 수 있다고 보는 바이다.

오늘 여성들의 삶에서도 마찬가지이지만 예전에도 종교는 여성들과 매우 밀접한 관계를 맺어 왔다. 사실 종교의 실질적인 수행자들은 여성들이었다 해도 과언이 아닐 정도이다. 그리하여 여성들 삶을 이해하는 데 종교적 요소를 빼놓을 수 없으며, 이 종교적 궁극(the

Ultimate)의 의미 물음과 여성들의 삶이 어떻게 서로 연결되어 있는 가를 살펴보는 일은 한국 종교문화사 탐색에서 중요한 과제가 되겠다. 필자는 이것을 크게 '한국 여성 종교성과 영성의 탐색'으로 표현하고자 하고, 그것을 크게 보아서 고대 '샤머니즘'(巫敎)적 배경 속에서 '불교'를 받아들이고, 오랜 '유교' 사회를 거치고 현대의 '기독교'를 받아들이면서 여성들의 삶과 의식이 변화해 온 과정을 살피는 일로 파악했다. 이 작업은 일종의 비교 종교적인 작업이 될 것인데, 특히 거기에 여성주의 시각이 들어갔을 때는 어떠한 모습이 될 것인가를 탐색하는 일이다.

물론 여성주의 시각이 어떤 것이냐를 말하는 데도 여러 가지 차이가 있을 수 있다. 가부장주의 문화에 대한 뚜렷한 저항의식을 가지고 여성 고유의 경험과 삶의 시각들을 밝혀내는 것이 여성주의 작업의 주된 과제일 것이다. 그러나 본 연구는 그러한 '반감'(antipathy)과 저항의 작업에서 시작했다기보다는 일차적으로 한국 종교문화사 탐색에서 남성이 아닌 여성들 삶에서 드러난 긍정적 고유성을 찾아내어 그 삶의 의미를 드러내고자 했다. 그런 점에서 '긍정'(sympathy)의 여성주의라고 하겠다. 이것은 전통시대 여성들이 당시의 가부장주의 문화에 대해서 오늘날 현대 여성들과 같은 적극적 저항의식을 보이지는 않았지만, 그들도 당시 시대적 한계 내에서 나름의 여성적 주체의식을 가지고 그들 스스로 종교적 삶을 이끌어왔다는 것을 밝히는 일이다. 그럼으로써 그들의 간접적 여성의식을 드러내고자 하는 것이다. 따라서 여기에는 한국 전통 여성들의 종교성이 한국 남성들의 그것과 어떤 점에서 구체적으로 다른지 밝히는 것을 주된 과제로 삼지 않는다. 오히려 지금까지 유교와 기독교, 유교와 페미니즘을 여러 차원에서 긍정적으로 관계 맺으려고 시도해 온 필자의 입장에서 어떻게 각 종교 전통이 나름대로 고유한 '성속'(聖俗)의 의미체계를 가지고 한국 여성들의 삶에 영향을 미쳤고, 그 긍정성과 한계는 무엇인지를 살펴보는 일이 된다. 그것은 종교의 핵을 어떤 구체적인 신인(神人) 동형적 인격 신에 관한 믿음이나 그를 유지하기 위한 성직자 체계의 유무로 보는 것이 아니라, 그보다는 각자 삶의 진행 과정에서 경험하는 '성'(聖)과 '속'(俗)에 대한 구별의식이 그 핵심 관건이라고 보는 관점이다. 이런 종교 현상학적인 시각은 비교종교학적인 작업에서 더욱 개방적이고 공정한 시각을 줄 수 있다고 생각한다. 이렇게 해서 21세기에 사는 한국 여성들의 삶 속에서 어떻게 인류의 여러 다양한 종교의 핵심 요소들이 통합적으로 응축되어 앞으로 인류 삶에서 하나의 대안적 종교성과 여성 영성으로 자리 잡을 수 있겠는지를 살피고자 한다. 이러한 작업을 종교와 문화에 관한 급진적인 다원주의적 시각에서 행하려는 것이다.

2. 무교(巫敎)와 한국 여성
 : 존재의 현재적 기반을 지시해 주는 무교

　지금까지 인류는 지구상의 다른 생명체들과 마찬가지로 자신의 생존과 번식 그리고 번영을 삶의 주된 관심사로 삼아 살아왔다. 이 관심사를 용이하게 이루기 위해서 인류는 지식을 쌓아 왔으며, 그 가운데서 '성'(聖)과 '속'(俗)을 구별하여 그와 같은 삶의 목적을 달성하기 위해서 긴요한 가치를 '성'(聖)으로 인식하며 그 귀한 것을 특별히 담당하는 일련의 집단을 두어 왔을 것이다. 이 과정에서 신체적으로 자신의 몸으로 다음 세대를 생산하며, 그 생산된 생명체를 일차적으로 책임지고 있는 여성들이 인류 생존 초기 시절에 '성'(聖)의 모습으로 인식되었고, 또한 그 영역의 일을 주도적으로 담당해 왔으리라는 것은 쉽게 이해할 수 있다.

　지금까지 축적된 인류 초기 삶에 대한 이해에 따르면 인류는 채집과 수렵, 농경 생활로의 변화를 겪으면서 여러 가지 주술적인 방식으로 '성'(聖)의 개념을 표시해 왔다. 그 가운데서 여성을 통한 생식주술(生殖呪術)이 가장 원시적인 것으로 알려져 있으며, 농경시대에 와서는 대지모신(大地母神)으로 나타났고, 여성들은 무(巫)의 사제로서 역할을 했다. 오늘날까지도 이 무(巫)의 전통이 강력하게 살아 있는 전통으로 계속되고 있는 한국에서 연구자들은 민족공동체에 대한 초기 기록들에서 이 여성주도적 무(巫)의 흔적들을 찾아내고자 한다. 예를 들어『삼국유사』단군신화에서 단군을 낳은 웅녀라든가 고구려 시조 주몽 설화에서 그 어머니가 물의 신 하백의 딸 유화로서 곡식 종자를 보내주었다는 이야기, 신라 시조 박혁거세의 왕비 알영도 신성한 존재로서 혁거세와 혼인하여 농업과 길쌈, 토지생산을 장려한 여신의 모습을 보여준 것들을 든다.[2] 또한 신라 최치원에 의해서 유·불·도 삼교 이전 민족 고유사상으로 소개되는 〈화랑도〉(花郞道)에서 그 첫 지도자를 여성 원화(源花)로 두었다는 이야기 등은 모두 무교의 여성주도적 성격을 증명해 준다고 한다.

여기서 더 나아가서 오늘의 한국 무교 연구는 그 기원을 단군신화나 국조신화 등에서 찾는 것의 한계를 지적하면서 이능화, 최남선, 유동식 등 주로 남성 학자들에 의해서 주도되는 역사주의적 무교 연구의 한계를 넘어설 것을 제안한다.[3] 단군이 한민족의 시조라는 가정은 무교 연구에서 이미 오래전부터 설정된 것으로 여겨지고 있지만, 이러한 남성중심적 역사주의를 넘어서 무교적 고유신앙의 기원을 더 멀리 잡고 새롭게 주목해야 한다는 것이다.[4] 여기서 대표적인

2   한국 여성 연구소 여성사 연구실,『우리 여성의 역사』, 청년사, 1999, 56쪽 이하.

3   임석재,「무속연구서설」, 1970.

4   김성례,「한국무교연구의 역사적 고찰」,『한국 종교문화 연구 100년』, 청년사, 1991,

것으로 요즈음 가모장 '마고' 신화에 대한 관심이 비등하다. 이렇게 되었을 때 무교에서의 여성주의 측면과 민중집단적 특징이 더욱 드러날 것으로 본다.

이러한 인류 초기 삶에서의 여성주도적인 모습을 19세기 스위스의 바코펜(Bachofen)은 '모권론'(母權論, Das Mutterrecht) 개념으로 구성하였다. 즉 인류는 초기에 구속 없는 성생활 속에서 자연히 아버지는 모르고 낳아준 어머니만을 알 수 있으므로 모계 중심으로 사회를 이루었다는 것이다. 이러한 이야기는 이어서 몰간(L. H. Morgan)이나 엥겔스 등에 의해서도 크게 지지를 얻어 인류 태초 모권제 사회에 대한 주장이 강력한 이론으로 자리 잡게 되었다. 1970년대 와서는 서구 종교계에서 전통 교회의 견고한 가부장 성향을 고발하며 기독교 밖으로 나가기를 원하는 여성들이 이 인류 초기 여성 숭배 전통을 다시 찾기를 원한다. 이들은 "여성들에게 여신이 필요한 까닭?" (Why women need the Goddess?)을 말하며 여성에 대한 가부장제 억압을 물리치기 위해서는 초기 여성들이 지배하던 시기의 여신상 상징들을 다시 회복해야 한다고 주장한다.

이렇게 강력한 가부장제 이전 씨족사회나 초기 농경사회에서 형

181-203쪽.

성된 무교적 성(聖)의 모습은 거의가 인간(여성)의 생식 능력과 생산과 관련되어 있다. 그래서 여신이 숭상되었으며 다신교의 모습으로, 인간의 현세적이고 즉물적인 생존과 관계되어 숭상받았다. 여기서는 인간(여성)의 섹슈얼리티가 성스러움과 직접적으로 연결되어 숭배를 받는다. 그리하여 이러한 여신적 종교 상징들은 이후 섹슈얼리티를 억압하고 타락한 것으로 여기는 가부장주의를 고발하고 탈가부장주의로 나갈 수 있는 근거가 된다고 주장한다.

하지만 필자는 이러한 과거 무속 전통의 여신상들이 미래 여성들을 위한 모델은 될 수 없다고 생각한다. 왜냐하면 그것은 자칫 인간과 여성들을 다시 육체적으로 묶어 놓고, 현재와 생존에 얽매이게 하는 일이 되기 쉬우며, 그것이 얼마나 비참한 일인가를 인류는 그동안 혹독히 경험했기 때문이다. 그래서 오히려 그와는 다른 길을 가고자 하는 페미니스트들은 "육체적 재생산을 여성적 신성의 주요 상징으로 애지중지하는 일을 지긋지긋하게 생각해야 한다"고 말한다.[5] 이러한 관점에서 필자도 한국 여성과 무교의 관계를 한정적인 것으로 의미 짓기 원한다. 주로 모계로 세습되며, 강신무의 경우도 주로 여성인 무교의 영성과 종교성이 오늘날 한국 사회에서 여전히

---

5 리타 M. 그로스, 김윤성 · 이유나 譯, 『페미니즘과 종교』, 청년사, 1990, 204쪽.

실천되고 있지만, 페미니스트들이 거기에서 미래의 대안적 종교를 찾을 수는 없다고 보는 것이다. 이러한 관점은 과거 자연을 다시 한 번 신화적 원형으로 만들어서 거기에 집착하는 모습이다. 인류 문화의 삶이 초기 원시시대를 거쳐서 강력한 가부장주의 시기를 지나왔고, 지금은 탈가부장주의를 말하고 있듯이 여성들의 성(聖) 의식은 그동안 질적인 변화를 경험하여 더는 신체와 현재에만 집착할 수 없게 되었기 때문이다.

동서양의 구별을 떠나서 인류 초기의 삶에서 큰 영향을 끼쳤을 무교 샤머니즘의 영성은 여성들에게 끊임없이 존재의 현재적 기반과 신체적 직접성을 가르쳐주었다. 그러나 인간은 거기에만 머물러 있을 수 없다. 그의 또 다른 기반인 정신과 이성은 인간으로 하여금 지금과 여기의 시공을 초월하기를 원하며, 그것을 통해 의식과 정신이 되기를 원하기 때문이다. 이러한 의미로 본다면 여성들이 오늘날 자신들이 겪는 모든 악의 근원을 가부장으로 이해하는 것에 대해서도 다르게 생각해 볼 수 있다. 즉 가부장주의를 인간이 그 육체와 현재성의 한계를 극복하기 위해 거치는 한 배움의 과정으로 보도록 하며, 또한 인류 문화적 진화의 한 특이한 시점에서 특정한 삶의 조건으로부터 생겨난 것으로 보게 하여, 삶의 조건이 바뀔 때는 그것도 바뀌리라는 이해를 가능케 한다. 그런데 오늘날 이 변화는 너무나 뚜렷하여 지금까지의 가부장주의는 더는 견지될 수 없다는 것이 뚜렷이 드러나고 있다. 남성들도 정신적 존재만이 아니듯이 여성들도 육체적 존재만은 아닌 것이다.

3. 불교와 한국 여성
: 존재의 모든 구별과 차별을 無(무)로 돌릴 수 있는 힘

고구려, 백제, 신라 고대 삼국의 한국 여성들이 불교를 만난 것은 또 다른 차원의 삶의 의식을 여는 것이었다. 그때까지 그들 신앙은 무교적 신앙이 전부였고, 대부분의 삶이 좁은 부족적 테두리를 벗어나지 못했다. 그러나 삼국시대 중국으로부터 유입된 불교와 함께 그때까지 힘을 발휘해 왔던 인간적인 의식의 테두리를 급진적으로 무화시킬 수 있는 '공'(空)과 '무'(無)라는 개념을 배우게 되면서, 이들의 공간의식과 시간의식은 큰 변화를 겪게 된다. 물론 이러한 급진적인 개념들이 모두 삼국의 현실적인 삶에서 그대로 적용된 것은 아니지만, 이들은 좁은 부족 개념을 넘어서 국가 공동체라고 하는 더 큰 개념도 떠올릴 수 있었고, 내세와 인과율의 관념, 섹슈얼리티와 성스러움을 구별해서 볼 수 있는 더욱 첨예해진 성속(聖俗) 의식들을 심화할 수 있었다.

전통 무속 토착신앙이 강했던 신라에서는 그 유입 과정에서 격렬한 갈등이 일어나기도 했지만, 삼국에서의 불교 수용은 업보설, 인과응보설, 극락왕생 신앙 등을 기초적으로 정착시켰다. 특히 신라에 의한 삼국통일은 불교 정신에 의한 통일로 이해된다. 국가에 있어서 불교의 수입과 공인은 국민으로 하여금 과거 갈라진 부족적인 전통 신앙의 테두리를 벗어나서 좀 더 보편적인 신앙에 귀의하게 했고, 큰 범위의 강력한 왕권을 확립하게 했으며, 자아와 현재와 지금의 본능적인 충동을 억제하고 절제하며 계획할 수 있는 정신적 윤리의식을 형성케 했다.

예를 들어 진평왕 34년 임신년 어느 날에 신라의 두 화랑 젊은이들이 쓴 「임신서기석」(壬申誓記石)이 그 좋은 예이다. 여기서 두 청년은 나라의 위기를 자신의 것으로 여기면서 열심히 실력을 갈고닦아서 용감하게 전쟁에 임할 수 있도록 하자고 맹세한다. 불과 70여 자밖에 안 되는 문구이지만 하늘에 맹세한다는 '서'(誓) 자를 일곱 번이나 쓰면서 기꺼이 살신성인할 것을 서로에게 다짐하며 맹세하는 이 글에서 당시 신라 화랑들의 의식 고양의 정도를 알 수 있고, 신라 호국불교의 역할을 볼 수 있다.[6] 신라 고승 원광법사의 세속오계(世俗五戒)도 당시 신라 청소년들의 지극한 구도 정신을 보여주는 것이다. 또한, 화랑도를 기반으로 삼국통일 기초를 다지고 말년 임종할 때에

---

6   유승국, 「신라 시대에 있어서 유·불·도 삼교의 교섭에 관한 연구」, 『대한민국학술원논문집(인문·사회과학편)』 제35집, 1996, 45쪽, 268-269쪽.

는 머리 깎고 승옷을 입고 입적한 진흥왕(540~576)이나, 삼국을 통일하고 죽은 이후에도 나라를 걱정하여 동해의 용이 되기를 원했던 문무왕(재위 661~681)의 정신은 바로 자기 일신을 버리고 보국안민하여 불국토를 실현하려는 불교 구도 정신의 지극한 표현이라고 본다.

여성들의 의식 변화도 불교로 인하여 크게 이루어졌다. 물론 여전히 그들 신앙의 하층부를 형성하는 것이 무교적인 것이 많았고, 그래서 불교 신앙도 현세 구복적인 것이 많았지만 삼국과 고려 시대 여성들은 인과응보설과 윤리설, 보시 사상과 보은 사상 등으로 남녀의 구별을 떠난 보편적인 윤리의식을 키워 나갔고, 전생과 내세로 시간관념을 확장시켜 나갔다.[7] 비록 불교 유입 초기에는 왕비(법흥, 진흥왕비)나 여왕(선덕, 진덕여왕) 등 상류사회 여성들에 의해서 불교 신앙이 주도되었으나 통일신라와 고려조를 거치면서 하층 서민사회로 확산되어서 사회적으로 니승단(尼僧團)이란 조직도 생기고, 서민 여성들의 의식세계도 변화를 겪는다. 그 한 예로 의상(625~702)대사의 문하에서 10대덕(大德)의 한 사람이었던 진정(眞定)의 어머니 이야기가 있다.

그녀는 집이 몹시 가난하여 아들 장가도 못 들이고, 남아 있는 재

---

7   김영미, 「불교의 수용과 여성의 삶·의식 세계의 변화-고려시대 여성의 가정생활을 중심으로」, 『역사교육』 제62호, 1997, 6쪽, 40쪽.

산이라고는 오직 다리 부러진 솥 하나밖에 없었지만 화주승이 와서 시주를 요청하자 그 솥을 시주했다고 한다. 그 후 아들의 출가와 관련해서는 "불법은 만나기 어렵고 일상은 너무나 빠르다. 내가 죽은 뒤에 출가하면 너무 늦어서 안 된다. 불도를 배우는 일에 나의 죽음을 핑계로 머뭇거려서는 안 되니 빨리 가도록 하여라"라고 아들의 출가를 강경하게 재촉하였다고 한다. 또한, 신라 35대 경덕왕 때에 욱면(郁面)이라는 노비는 너무나 간절히 염불할 수 있기를 원했다. 그래서 노비로서 고된 일과를 끝내고 법당에 들어가지도 못하고 마당에 서서 말뚝을 박아 놓고 거기에 두 손을 합장하여 묶어 놓고서 고단한 몸을 지탱하며 열심히 염불했다고 한다.[8]

부처의 자비를 통해서 나라가 개국되었다고 고백하는 고려조에 들어와서는 국가적인 연등회와 팔관회 등의 행사를 통해서 여성들의 불교 종교 활동이 더욱 퍼졌으리라는 것을 쉽게 생각해볼 수 있다. 고려 시대 불교 의례는 『고려사』의 기록만 보더라도 70여 종에 1,000회 이상 실행되었다고 하고, 고려에서 남자에게 승려가 된다고 하는 것은 세속적인 의미에서도 출세하는 것이었다. 물론 여성에게 과거시험이 가능하지 않았듯이 여성은 승과에도 응시할 수는 없었

---

8   김영태, 「삼국시대 서민들의 불교신앙」, 『대한민국학술원논문집(인문 · 사회과학 편)』 제35집, 23-25쪽.

으나 여성 출가자들의 수효가 상당하였으리라고 추측할 수 있고, 특히 남편 사후 출가하고 자신의 집을 내놓아 절로 만드는 일이 많았다고 한다.[9]

앞에서도 지적했지만 불교 사상 체계는 이 세계 모든 것을 무(無)로 돌려버릴 수 있는 공(空) 사상 체계를 가지고 어느 종교보다도 남녀 차이를 급진적으로 무화시킬 수 있다. 그러나 현실에서는 그대로 되지 않아서, 이미 부처님 시대에 그의 양모이자 이모였던 파자파티가 출가의 뜻을 밝히자 붓다는 팔경법(八敬法)이라고 하는 심한 남녀 차별법을 제시하며 여성 출가를 제한적으로 허락하였다. 남성 출가자 비구에 대해 여성 출가자 비구니의 철저한 종속을 규율하는 이 팔경법이 과연 붓다 자신의 것이었냐에 대한 논란은 계속 있지만,[10] 여성이 성불하기 위해서는 먼저 남성으로 다시 태어나야 한다거나 보통 여성으로는 성불할 수 없고 성(性)을 온전히 초월한 무성(無性)의 여성만이 성불할 수 있다고 하는 등의 이야기가 전해지고 있다.

이러한 현실적인 갈등 모습은 한국 여성 불교사의 전개 과정에서

---

9   최숙경 · 하현강, 『한국여성사근대, 조선 시대』, 이화여자대학교출판부, 1993, 258쪽.

10   세등(김인숙), 「팔경법의 해체를 위한 페미니즘적 시도」, 『페미니즘이 종교를 바꿀 것인가-현대한국의 종교와 여성학』, 가톨릭대학교성평등연구소 제3회 학술대회, 2001년 11월 20일, 가톨릭대학교 다솔관 501호.

도 드러난다. 불교가 유입되었던 초기에 여성에 관련된 가르침은 현실에서 여성 역할에 관한 것이 주가 되었다. 여성들에게는 가족관계에서의 윤리와 승(僧)과의 관계 윤리만 강조되고, 그들 자신의 성불을 위한 노력보다는 시주, 염불, 지계(持戒) 등을 통해 가족의 안녕을 기원하거나 내세의 나은 삶을 기원하는 데 한정되었다. 불교 문화가 더욱 확산한 고려 시대에서도 신라 말에서 고려 중기까지 많은 승려 비문 중에는 비구니 이름은 거의 찾아볼 수 없고, 후기에 들어서야 비로소 비구니 이름이 등장한다고 한다.[11] 이것은 불교가 유입된 후 후기에 가서야 비로소 불교 영역에서 여성들의 독자적인 위상이 세워졌음을 알게 한다.

한편 가족의 안녕과 내세에 대한 기원보다도 수행에 의한 깨달음을 위해 수행에 힘쓴 비구니도 신라 시대에서는 찾아볼 수 없었고 고려 중기에 와서나 생겨났다고 하는데, 고려 후기 선사들이 신라 승려인 현일, 원효, 경흥 등과는 달리 비구니의 수행에 긍정적인 태도를 가졌기 때문이라고 한다. 이와 더불어 비구니가 일반인을 대상으로 하여 교화 활동을 편 것도 고려 후기에서나 나타났다. 이러한 모든 사실은 불교 전통에서도 그 원리와 현실 사이에 깊은 간극이

---

11 김영미,「고려시대 비구니의 활동과 사회적 지위」,『한국문화연구 1』, 2001 가을, 73쪽 이하.

있었음을 말해주고, 붓다도 포함해서 한국 불교 전통에도 역시 해당하는 가부장주의 모습을 드러내 준다.

이렇게 본다면 우리가 한국 여성사를 이야기할 때 일반적으로 유교는 여성 억압적인 것으로, 불교는 그렇지 않았으며 또한 고려 시대 여성들의 삶은 조선 시대 여성들의 그것보다 해방적이었다고 평가하는 것도 한계가 있다. 왜냐하면 여기서도 드러났듯이 한국 불교 전통도 여성 긍정의 진행사일 뿐이며, 여성 긍정의 한 끝이 여성들이 어떻게 윤리적 종교적 주체로 서느냐에 달려 있는가를 보여주기 때문이다. 불교는 성(聖)과 속(俗)을 래디칼하게 구분해서 출가자집단을 따로 두었고, 섹슈얼리티를 포함해서 이세상적인 것에 대해서 터부의 금을 그었다. 여성들은 이 불교의 가르침을 통해 여기 지금의 현실적인 것과 육신적인 것들을 그대로 성스러움과 연결시키던 습속을 버리고 그 이상을 배울 수 있었다. 불교는 이 구분을 급진적으로 행했기 때문에 소수만이 그 생활을 수행할 수 있었고, 그래서 신체적이고 사회적인 조건이 여전히 이세상의 것과 많은 관계를 맺고 살아갈 수밖에 없는 여성들에게는 쉽게 허락되지 않았다. 물론한국 불교의 특징이 원융회통적이고 성속의 간극을 뛰어넘는 것을 지향하며, 고려 후기에 그 길이 실질적으로 더욱 넓게 열렸다 해도그때까지 억눌렸던 속(俗)의 영역은 오히려 성(聖)의 영역을 삼켜 버려 타락과 혼란을 야기했다.

승니들이 자신들을 미륵불의 화신으로 자칭하며 사람들을 유인하여 재물을 거두는 폐해가 막대하다는 이야기,[12] 남녀와 승니들이 떼를 지어 만불회를 하거나 개인 집을 절로 만들었기 때문에 금지한다는 이야기, 승려들이 시정 여염집에 출입하여 술에 취하고 싸우며, 득도하여 병 고치고 죽은 자를 살린다는 승려를 쫓아 그가 세수하고 양치한 물도 귀하게 여겨 받아 마시며 남녀가 주야로 한데 어울려 추문이 파다했다는 이야기들이 『고려사』가 전하는 혼란들이다.[13] 이러한 혼란들은 세속의 삶을 완전히 속(俗)의 영역으로 두는 성속(聖俗) 분리 방식을 통해서는 희망하는 구원이 이루어질 수 없고, 더군다나 대중과 여성들이 윤리적 주체로 서는 일은 요원하다는 것을 말해준다. 그래서 조선은 고려 말기에 중국에서 유입된 신유교를 새롭게 국가이념으로 삼으면서 속(俗)의 영역에서 성(聖)을 실현하는 방식을 채택하였다. 조선조 유교 사회로의 전환의 종교적 의의가 거기에 있다.

---

12 『고려사』, 권 134, 열전 47.
13 최숙경 · 하현강, 『한국여성사근대, 조선 시대』, 256-262쪽.

4. 조선 유교와 한국 여성

: 일상의 삶을 聖으로 승화시키는 유교

한국 여성사 탐색에서 이 시대만큼 논란을 많이 불러일으키는 시기도 드물다. 특히 페미니즘이 대두하면서 이 시기에 대한 논의는 더욱 뜨거워졌는데, 그 대부분이 부정적인 평가로 이어졌다. 가부장주의 한국 전통 사회의 온갖 오류와 한계가 이 시기 유교 전통의 이름으로 정죄되어 왔으며, 여기서 여성들의 삶은 극심한 남존여비의 삶으로 그려져 왔다.

그러나 과연 우리가 이 시대 여성들의 삶을 그렇게 남녀 불평등의 차원에만 초점을 맞추어서 여성들의 지위와 신분이 낮았다는 사실만을 강조하여 평가하는 것이 온당한가 하면 꼭 그렇지 않다고 본다. 왜냐하면 인간을 포함하여 모든 존재자는 누구나 나름대로 어쩔수 없는 삶의 조건을 안고 시작하는데, 여기서 과도하게 이 조건들에만 초점이 맞추어지면, 그럼에도 불구하고 거기서 활동했던 개별존재들의 주체적 삶이 쉽게 간과될 수 있기 때문이다. 또한, 앞에서도 지적했듯이 한 시대 여성들의 삶에 대한 평가는 그 전과 다음 시대의 좀 더 긴 기간과 공간의 스펙트럼 속에서 살필 때 온전하게 의미가 드러날 수 있기 때문이다.

필자는 이렇게 조선 시대 여성들의 삶에 대한 평가가 온전히 이루

어지지 못하는 가장 큰 요인은 바로 유교 전통의 '종교성'(religiosity)
에 대한 평가가 바르게 이루어지지 못했기 때문이라고 본다. 유교
전통과 그 시간이 단지 세속적인 사회화나 정치체계, 윤리체계 등으
로만 이해되어서 그 진행의 심층적 차원이 잘 밝혀지지 않았기 때문
이라는 말이다. 유럽의 한국학자 도이힐러(M. Deuchler)는 『한국 사
회의 유교적 변환』(The Confucian Transformation of Korea)에서 한국 사
회가 고려 말기로부터 시작하여 조선조 유교화 과정을 겪으면서 어
떻게 결혼제도나 상속, 상례나 제사들에서 변화가 일어났는가를 추
적한다. 거기서 그녀는 한국이 중국이나 일본과는 비교도 안 될 정
도로 깊은 유교화 과정을 밟고 있음을 보여주지만, 그 진행의 추이
를 그렇게 긍정적으로 보고 있지 않다. 오히려 여성의 삶도 포함하
여 유교화의 진행으로 고려 시대 사회체제의 유연성과 자유로움이
제약되어 가는 의미에서 주로 평가하였다.[14] 하지만 필자가 보기에
이렇게 단편적으로 사회경제적 해석으로 치우친 현상 중심적인 이
해는 한계가 있다. 왜냐하면 유교에서 가장 중시되고 여성도 남성과
더불어 같이 공유하는 '성인지도'(聖人之道, To become a Sage)의 이상
에 대한 언급이 같이 이루어지고 있지 않기 때문이다. 즉 그 종교성

---

14   Martina Deuchler, *The Confucian Transformation of Korea-A Study of Society and
      Ideology*, Havard-Yenching Institute Monograph Series, 1992.

에 대한 이해가 거의 없다는 것이다.

1) 유교의 성속(聖俗) 체계

유교는 불교나 기독교와 달리 성(聖)과 속(俗)을 그렇게 래디칼하게 나누지 않는다. 오히려 지극히 현세적인 방식으로 성(聖)의 세계를 속(俗)의 세계에서 구현하기를 힘쓴다. 이러한 세속화와 내면화의 길은 일찍이 벌써 공자에게서 보이는데, 그가 전통의 상제(上帝)라든가 주술적인 귀(신)의 개념을 천(天)이나 천명(天命) 등의 개념으로 존재론화했고, 덕(德)이나 인(仁)의 개념으로 인간화했으며 내면화한 것이 바로 그것이다. 이 내면화의 길을 뛰어나게 행한 것이 바로 신유교, 즉 성리학(性理學)이다. 그의 가장 뛰어난 정리가 '이일분수'(理一分殊, The principle is one but its manifestations are many)인데, 신유교는 이것을 가지고 세상의 만물이 성(聖)의 씨앗(性 또는 理)을 담지하고 있다는 믿음을 표현했고, 그 만물 속에 놓여 있는 성(聖, 理)을 꽃피우려고 노력하였다. 이 과정에서 유교는 이 세상의 만물인 속(俗)의 영역을 크게 세 단위로 나누었는데, 즉 '국'(國)과 '가'(家), 그리고 '자아'(身)가 그것이다.

고려 말기에 이와는 다른 불교 성속 체계를 가지고 속(俗)의 관리에 실패했던 고려 사회는 결국 조선 사회에 주도권을 내주었고, 조선은 유교 전통을 공고히 하면서 국가와 가정과 개인을 전체적으로 성(聖)의 영역으로 만들어 가고자 했다. 우선 유교 이념을 제도로 구성해 나가기 위하여 『경국대전』(經國大典)으로 법제화하였다. 그리고 '문묘'(文廟), '종묘'(宗廟)와 '가묘'(家廟) 제도를 통해서 조선 사회 전체의 삶을 의례화하고자 했다. 여기서 문묘와 종묘는 국가 수준의 일이고, 가묘는 가정과 개인의 일이다. 세종 대의 「오례의」(五禮儀)와 다시 성종대의 「국조오례의」(國朝五禮儀)가 확립되었고, 「주자가례」(朱子家禮)의 유입과 확산을 통해서 관혼상제의 예로써 개인의 전 삶을 의례화하고자 했다. 한편 고려말 유입 이후 조선 중기 퇴계와 율곡 등 대사상가를 배출할 정도로 전개된 조선 성리학의 사상적 발전은 이기론(理氣論), 사단칠정론(四端七情論), 인물성동이론(人物性同異論) 등 논쟁을 제기하였다. 이것들이 때때로 혼미한 정치적 파벌싸움을 위한 이론이 되기도 했지만, 이러한 논쟁들이야말로 바로 어떻게 하면 인간 속(俗)의 가장 내밀한 정수인 섹슈얼리티(性)를 성(聖)의 영역으로 화하게 할 수 있겠느냐의 관심인 것이다. 불교의 성속 체계처럼 속(俗)의 영역을 접어두고 세상 밖으로 나가는 출세간(出世間)을 통해서 성(聖)을 추구하는 것이 아니라 바로 그 속된 영역이 성(聖)과 중화(中和)의 영역이 될 수 있도록 하며, 미발(未發)과 이발(已發)의 영역이 더는 구별되지 않게 한 것이다.

가묘는 바로 인간 삶의 모든 일상이 이루어지는 가정이 사원이 되고 교회가 되기를 시도하는 표현이다. 성직자 집단을 따로 구별하여 두지 않았던 유교는 집안의 남성 중에서 가부장을 구별하여 그 역할을 담당할 신분을 정했고, 그것이 바로 한 가정의 종통(宗統)을 세우는 일이었다. 원래 (신)유교의 궁극(宗) 개념인 태극이나 (天)리(理)는 성적(性的)인 것과 관계가 없다. 이일분수의 리는 남녀의 차이는 물론이거니와 인간과 동물, 물질과의 차이도 상관하는 것이 아니어서 이 세계 만물 속에 내재하는 원리가 된다. 그러므로 그 리(理)의 온전한 실현(聖人之道, To become a sage)은 남녀 누구나가 도달 가능한 목표가 되며, 온 세계 전체가 일체가 되는 것이 가능하다고 보았다.

하지만 (신)유교의 우주론인 태극도(太極圖)의 설명은 여기서 그치지 않았다. 리(理)의 활동을 말할 때 다시 음(陰)과 양(陽)이라는 원리를 끌어들여 그것을 형이상학적 실체론으로 성적(性的)으로 구별지었다. 그리하여 현실 삶에서 음과 양은 점점 차별의 근거가 되었고, 종법의 질서는 지독한 남성 중심의 위계질서가 되었다. 그러나 앞에서도 여러 차례 지적했듯이 (신)유교는 그러한 한계와 사각지대가 있음에도 불구하고 어떤 종교체계보다도 포괄적으로 속(俗)의 영역을 끌어안으려는 구상이다. 그리하여 그 현실적인 시도인 '가례'(家禮)의 생활화를 시도한 것이고, 그것을 통해서 조선 사회에서 여성들의 삶은 큰 변화를 경험한다. 다음 장에서 이 변화를 구체적으로 살펴보고자 한다.

2) 가례와 더불어 변한 조선 여성들의 삶

가례, 문공가례(文公家禮) 등으로도 불리는 「주자가례」는 남송 대
인 1170년에 주희(1139~1200)가 중국 고대의 전통적인 예법 제도를
신유교 이념으로 새롭게 정리한 것이다. 이 예법은 신유교의 보편
주의 원리에 따라 고전 예학에서 두드러졌던 신분 차별적 관념을 극
복하고 모든 신분계층에 동일한 예를 적용할 수 있는 길을 모색하기
위한 것이었다.[15] 우리나라에 가례가 도입된 것은 고려 말경으로 여
겨지며, 유교 국가인 조선왕조가 건립되자 가례는 사대부 관료들에
게 필수적으로 권장되었고, 세기가 더해짐과 함께 그 연구와 보급은
전국적으로 확산되었다.

나라에서 천도(天道, 理)를 실현할 기초적인 장(場)인 가정(가묘)의
시작은 혼인에서 이루어진다. 가례가 이상적으로 모색한 혼인제도
는 일부일처제였으며, 그리하여 조선 초기부터 일부일처제의 강화
를 위한 일련의 조치가 취해졌다. 즉 중혼을 규제하고, 더 나아가서
개가(改家)를 규제하였으며, 혼인의례를 정비하였다. 건국 초 중혼의
규제는 고려말 다처병축(多妻竝蓄)의 풍조를 막기 위한 것이었는데,

---

15   이영춘, 『차례와 제사』, 대원사, 1994, 137쪽.

실지로 고려말 혼인제도에서는 근친혼의 풍습도 여전히 성행했고, 남성들이 조금의 이익을 위해서도 쉽게 처를 버리고 다른 처를 얻는다든가 중혼으로 두 명 이상의 처를 취하는 경우가 많아서 그것을 본격적으로 규제하게 된 것이다.[16]

조선 시대 여성의 개가 금지는 현대 여성학자들이 제일 많이 비판하는 일이다. 하지만 이전 시대와 비교해서 적처의 지위를 보장하려 했으며, 적통의 계승을 통해서 가정과 사회, 국가의 예화(禮化)가 계속 이어진다고 생각했다는 점에서 이 적통의 계승을 위태롭게 만드는 재가 금지는 유교 성속 체계가 취할 수밖에 없는 선택이었다고 생각한다. 그러나 혼인의례 정비에서 조선조는 우리나라에서 고대 이래로 내려오던 남귀여제(男歸女第) 혼인이 성립되면 신랑이 일정 기간 신부의 집에서 거주하는 풍속, 즉 '장가든다'의 풍속을 바꾸어서 친영(親迎) 제도인 혼인식 후에 신부를 신랑집에서 곧바로 맞는 것, 다시 말하면 '시집간다'의 제도를 빠른 시일에 확립하려고 했으나 이것이 결코 쉽지 않았음을 보여준다. 그리하여 세종은 이러한 여가(女家) 중시의 관념이 지대했던 사회적 조건을 고려하여 친영제를 강요하는 혼례의 개정보다도 상례(喪禮)의 복제(服制)부터 개정하

---

16   성병인, 『조선전기 혼인제와 성차별』, 일지사, 1999, 56쪽.

는 방향으로 선회하여 가례를 정비해 나갔다고 한다.

사실 죽음 이후에 대한 예를 얼마나 갖추고 있느냐가 그 사회 공동체의 문명적 수준을 밝혀주는 척도라고 할 수 있다. 고려조에서 유교 전통의 조선조로 넘어오면서 나라에서는 가정 안의 가묘 설치를 적극 권장하였고, 부모 장례 시 불교식의 100일 예에서 3년 예를 치르는 제도로의 전환을 시도했다. 물론 여기서도 남녀의 유별과 남성 중심의 적통제가 실행되어, 만약 아버지 생존 시 어머니가 돌아가시면 그 기간이 1년으로 단축되며, 시가와 친정, 친가와 외가 또는 처가의 구별에 따라서 상례가 차등적으로 적용되었다. 그러나 조선조부터 상례의 적용은 국가의 중요한 일이 되었으며, 바르게 지키지 않을 경우에는 관직에도 나갈 수 없었다. 그럼에도 불구하고 정도전이 건국 초에 한탄했던 상례에서의 무례(불교식으로 돈이 무척 많이 드는 축제로 진행한 것)가 16세기 초까지도 여전히 우세했고, 함경도나 평안도 지역에서는 심지어 그 지역 상층계급까지도 관(棺)을 쓰는 것도 몰랐다고 한다. 시신을 그냥 버리거나 몇 개 돌로 겨우 가리는 정도였다는 것이다. 이런 상황에서 「주자가례」의 보급과 확산으로 조선조 상례는 점점 더 자리를 잡아 갔고, 하층민으로 확산되어 갔다.

상례 다음으로 유교적 제례(祭禮)의 확립이야말로 조선조 가부장주의 성립의 가장 큰 견인차였고, 여기에서 또한 유교적 성속(聖俗)

종교 체계가 가장 잘 드러난다. 신유교 통치 이상은 조상 제례를 통한 종법의 바른 확립을 나라 치도의 근본으로 생각하는 것이었다. 그리하여 고려말에 이미 정몽주에 의해서 건의된 가묘(사당) 설립이 조선조에 와서 그 시행 연한까지 정해져서 사대부들에게 강하게 권고되었다. 또한 여기서는 그때까지 보편화되어 있던 제사의 윤행 관습을 지양하고 장자가 제사를 주관하도록 했으며, 아울러 제사의 대수를 신분에 따라 한정하였다. 이후로 조선 시대에는 적장자 상속의 원칙이 엄격하게 확립되어서, 형제 사이 벼슬의 고하에 관계없이 어떤 경우에도 제사권의 적장자 상속이 이루어지게 했으며, 이러한 가운데서 우리가 익히 들어서 알고 있는 적장자 가계를 계속해서 유지하기 위한 남아선호와 과격한 입후(入後) 제도가 남용되었다. 또한, 처첩 구분과 적서 차별이 더욱 분명해져 첩의 자식인 경우 결코 가계를 이어받을 수 없게 했으며, 이로 인해 많은 비극을 초래하였다. 그러나 이러한 가운데서도 종가의 살림을 실질적으로 맡고 있는 '종부'(宗婦) 여성의 위치는 종법의 확립과 더불어 강화되었다. 그녀는 만약에 남편이 후사를 남기지 못하고 죽었을 경우 양자 선택을 통해서 종손을 결정할 수 있는 권리를 가졌으며, 원래 『예기』에 '제사는 부부가 함께 지낸다'는 율대로 종부는 가문의 가장 중요한 행사인 제사에서 종손이 초헌(初獻)을 하고 나면 아헌(亞獻)을 올렸다고 한다. 또한 이사를 하여 집을 옮기는 경우 사당을 모시고 맨 처음 집안으

로 들어와 차례를 드리는 것도 종부였다고 한다.[17]

이러한 가부장적 적장자 종통에 따른 제례 규정은 그대로 재산상속 문제에로 연결되어 제사 경비를 누가 부담하고, 그 제례에 누가 참여하는가에 따라서 차등적으로 분해졌다. 조선 초기에는 고려 시대 관습에 따라 재산상속에서 자녀균분제(子女均分制)가 시행되었다. 또한 여성의 출가 여부가 상속 자격을 제한하지 않았다. 그러나 후기에 오면 출가한 여자는 상속권이 없어지고, 제사를 받드는 적장자에게 그 봉사의 몫이 추가로 상속된다. 이러한 변화에 대해서 도이힐러는 조선 사회가 16세기 중반과 17세기 후반 큰 인구 증가를 겪으면서, 그 증가한 인구의 효율적인 식량 공급을 위해서 토지가 더는 작게 나누어져서는 안 되었기 때문이라고 배경을 밝힌다. 그리하여 주요 상속자를 정하고, 출가한 딸에게는 상속을 하지 않는 가부장주의가 더욱 견고해졌을 것이라고 추론한다.[18] 이것은 출가한 여성이 친정 제사에 참여하지 않게 되면서 그 유산에 대한 권리도 사라지게 된 것과 병행한다. 이러한 가부장주의에 대한 사회경제적인 추론은 가부장주의가 당시 인류가 조건 지어진 삶의 정황에서 자

---

17   이순형, 『한국의 명문종가』, 서울대학교출판부, 2000, 366쪽.

18   M. Deuchler, *Ibid.*, p. 225.

신의 삶을 계속해 나가기 위해 불가피하게 선택한 하나의 방식이었음을 보여주는 것이라고 이해할 수 있다.

3) 유교 종교성의 참모습

물론 이러한 조선 시대 유교 전통 아래에서 여성들의 삶이 매우 지난한 것이었다고 하는 데는 이의가 없다. 아무리 종부로서, 또한 주부로서 안방이라고 하는 독자적인 권력 공간을 가지고 살았다 하더라도, '며느리는 문서 없는 종이다'라는 말에서도 나타나듯이 유교 가부장주의 아래서 여성들의 삶은 힘든 것이었다. 그러나 우리가 앞에서도 여러 차례 지적하였듯이 이것은 삶 전체를 거룩한 영역으로 만들고 일상적 속(俗)의 영역에서 성(聖)을 실현하려는 뜻을 가진 유교 성속 체계가 가질 수밖에 없는 한계라고 본다. 이일분수(理一分殊)라는 세계관을 가졌지만, 현실에서는 속(俗)의 전 영역을 성(聖)의 영역으로 화하게 하기 위해서는 그 '출발점'(the starting point)을 필요로 했을 것이고, 그것을 모든 세속 가정의 적장자 가부장으로 본 것이다. 성속의 구분을 여기까지 포기할 수는 없었을 것이다.

그러나 이러한 한계에도 불구하고 유교는 바로 위에서 지적한, 좀 더 통합적인 성속의 개념으로 여성과 그들의 현실적 살림살이를 그 이전의 다른 종교 전통에서보다 더욱 적극적으로 성화(聖化)와 예화

(禮化)의 과정으로 끌어들였음도 사실이다. 즉, 유교는 비록 남성들과 차별을 두기는 하지만 여성들과 그들 삶을 그대로 속(俗)의 영역에 둘 수 없었고, 그래서 그녀들에게도 심한 제약은 있었지만 교육의 기회를 주기 시작했고, 그들을 위한 책을 만들었으며, 그녀들 모든 살림살이가 질서가 있고 규모가 있으며 구별이 있기를 원했던 것이다. 이러한 모습에 대해서 서구 한국학자 왈라벤(B. Walraven)은 조선 시대 유교화 과정을 일종의 '문명화 과정'(the civilizing process)이라고 표현했다. 필자도 여기서 힌트를 얻어서 조선 시대 유교 여성들 삶의 과정을 또 하나의 문명화 과정, 매너의 세련화 과정 등으로 파악하면서, 다른 어느 전통사회에서보다도 유교 전통에서 여성들이 '자기통제력'(selfcontrol)과 '식자력'(literacy), 그리고 '시간관념'(the sense of time) 등이 증진되는 과정으로 지적하였다.[19]

그러나 여기서 필자는 이러한 변화의 과정을 단순히 세속적인 의미의 문명화 과정이라고 표현하기보다는 유교 여성들의 '성화'(To become a Sage)의 과정으로 이해하고자 한다. 즉 여기에서야말로 진

---

19 이은선, 「유교와 페미니즘 그 관계의 탐색을 통한 한국적 페미니즘의 전망」, 『동양철학연구』 제15집, 1995, 한국동양철학연구회, Boudewijn Walraven, 「The Confucianization of Korea as a Civilizing Process」, 『유교문화의 보편성과 특수성』, 제8회 한국학 국제학술회의 논문집, 1994, 한국정신문화연구원.

정으로 조선 유교 여성들의 영성과 종교성이 잘 드러난다고 보는 것을 말한다. 유교 전통의 여성들은 조상 제사를 준비하고 이어가면서 그녀들의 지극한 종교성을 드러내었고, 손님을 대하고 가족공동체를 이끌어가면서 신(神)을 모시듯이 했으며, 열(烈)과 절(節)의 의미를 기리고 지조를 배우며 구별의 의미를 키워나갔다. 18세기 여성유학자 임윤지당(任允摯堂, 1721~1793)의 행적에 보면 "집안에 과일나무가 많았으나 사당에 올리기 전에는 입에 가까이 하시지 않았다. 모친이 재계(齋戒)하며 채식을 하시는 날에는 비록 먼 조상이라고 하더라도 육식을 하지 않으셨다"라고 했다. 또한 전주 이씨 가의 한 여성은 "시집가는 딸의 혼수 마련 시 아무리 비싼 것을 많이 준비했다 하더라도 잘 된 제복(祭服)이 없으면 제대로 된 혼수라 할 수 없고, 혼인에 입을 예복보다 우선 제복을 정성껏 마련하는 것이 보이지 않는 분께 최선을 다하는 것이라는 가르침을 들었다"고 구술한다.[20]

또 다른 예로 17세기 예학의 거두 송시열은 시집가는 딸에게 주기 위해 지은 『우암선생계녀서』에서 "제사는 정성으로 정결하게 조심함이 으뜸이니 제수 장만할 때 걱정하지 말고, 종도 꾸짖지 말고, 하하 웃지 말고, 견어사색(見於辭色)하여 근심하지 말고, 없는 것 구

최배영, 「조선 후기 서울 반가의 제례기제의 준비 및 제수를 중심으로」, 한국유교학회 2001년도 추계학술대회, 2001년 11월 24일, 성신여대, 65-79쪽.

20 최배영, 「조선 후기 서울 반가의 제례기제의 준비 및 제수를 중심으로」, 한국유교학회 2001년도 추계학술대회, 2001년 11월 24일, 성신여대, 65-79쪽.

2부 한국 종교문화사 전개와 현대 페미니즘 215

차하게 얻지 말며, 제물에 티끌이 들어가게 하지 말고, 먼저 먹지 말 것"을 일러주었다고 한다. 우리나라 전통 종가의 종부 연구에서 한 종부의 접빈객의 예를 보면 안채에 작은 문구멍이 있어서 사랑채에 머무는 손님의 체구를 미리 가늠하고 손님의 발 크기를 미리 알아서 며칠 묵다가 돌아갈 때에는 그의 발에 맞는 버선을 내놓았다고 한 다. 또한 이미 많이 지적된 것이지만 조선 후기로 오면서 여성들의 저술 활동도 더욱 눈에 띄게 늘었고, 그것도 시나 소설, 서화 등의 활 동만이 아니라 본격적으로 경서를 다루고 철학적, 종교적 문제를 다 루는 모습들이 나타난다.[21]

많은 여성 연구들이 조선 시대 여성들의 종교 활동이 별로 없는 것으로 서술하고 있으나 필자는 이러한 유교 여성들의 극진한 삶의 표현들이야말로 그들 종교성의 핵심이라고 생각한다. 그 구체적인 예로 우리는 앞에서 지적한 18세기 임윤지당(任允摯堂, 1721~1793)과, 그 윤지당의 성리학적 남녀평등사상을 이어받고 나름의 성정(性情) 사상을 펼치며 자신의 삶에서 체화한 강정일당(姜靜一堂, 1772~1832) 등의 모습에서 조선 시대 유교 여성들의 극진한 종교성을 본다. 그 들이 일생에 걸쳐서 삶의 전 과정을 성화하려고 했던 노력은 어느

---

21   최연미, 「조선 시대 여성 저서의 편찬 및 필사 간인에 관한 연구」, 성균관대학교, 2000, 박사학위논문.

남성 선비의 그것보다도 못하지 않았고 오히려 더 진실되어서 유교 영성과 종교성의 뛰어난 모습을 보여준다.[22]

5. 현대 한국 여성과 기독교 그리고 페미니즘
: 여성적 자아의 확장과 전통과의 새로운 만남

지금까지 우리는 조선조 유교 전통 여성들을 살펴봄으로써 어떻게 그들 삶이 시간이 더해 감과 더불어 조선 사회 전체에서 유교 예화의 큰 구도 안으로 포괄되는가를 보았다. 그 과정에서 여느 남성 못지않게, 아니 나아가서 그녀들 삶의 본래적 포괄성 덕택으로 더 전일적으로 삶의 전 과정을 예화하는 예들을 적시하였다.

주시하다시피 유교의 궁극 개념인 (天)리(理)나 태극 등은 원래 성차를 떠난 보편 개념이다. 또한, 현실에서 존재생성의 원리인 이기(理氣)나 음양 등도 원래 차별 개념이라기보다는 관계성 개념이었지만 그것들이 점점 강하게 우열 개념으로 이해되면서 여성적인 것과 몸적인 것, 이세상적인 것이 비하되었다. 그 과정에서 이 세계에서 분리된 별도의 성(聖)의 영역을 두는 것을 원치 않았지만, 가부장이

---

22 원주시 원주문화원, 『임윤지당의 생애와 사상』, 2002; 이영춘, 『강정일당-한 조선여성 지식인의 삶과 학문』, 가람기획, 2002.

라고 하는 가정 안에서의 분리를 두었고, 그것이 변질되어 물신화되면서 많은 폐해를 가져오는 것을 보았다. 조선 시대 유교 여성들의 억압된 상황과 성 탄압이 그 모습이다. 그러나 이러한 억압적 상황이 더는 견딜 수 없게 되자 한국 여성들은 또 한 번의 반전을 경험한다. 19세기 말 유교 전통사회의 폐해에 대항하여 일어났던 동학, 그에 이은 천도교의 등장과 또한 전통불교의 한국적 갱신을 추구한 원불교, 그리고 가장 포괄적으로는 서구 근대화 물결과 더불어 유입된 개신교 기독교의 등장이 그 촉발제였다.

1) 기독교의 성속(聖俗) 체계

여러 자생적인 한국 민족종교들보다 20세기 한국 여성들의 삶에 더욱 포괄적이고 큰 영향을 미친 종교는 다름 아닌 서구에서 유입된 기독교이고, 그와 더불어 20세기 후반부터 본격적으로 소개되고 있는 현대 서구 페미니즘이라고 할 수 있다. 지구 동서양의 만남이 본격적으로 시작되면서 서구 제국주의적 근대화 물결로 한국 문화와 여성들의 삶이 얼마나 빠른 속도로 변해 갔는지는 1923년 서울의 한 잡지에 화중선(花中仙)이라는 기생 여성이 쓴 글에서도 잘 나타난다. 원래 양반 가문 출신으로 자신의 독자적인 판단과 선택으로 기생이 되었다는 그녀는 그 선택의 이유가 당시 겉으로는 양반 행세하고 신사 행세하면서도 조그마한 이익을 위해서 "마음"을 팔고, 사람의 "본성"(性)을 팔며, 약한 여자나 가족들에게는 분풀이로 군림하는 남성들에게 복수하기 위해서라고 한다. 그래서 자신처럼 "육"(肉)을 팔고 "살"을 팔더라도 제 개성과 정신을 내버리지 않는 것이 훨씬 사람답다고 선언하며, 그녀는 소유욕과 향락에 취한 남성들을 포로로 삼아서 복수하겠다고 선언한다.[23]

이렇게 급변하는 상황과 더불어 본격적으로 전파된 기독교를 한국 여성들은 열정적으로 받아들였다. 서양 선교사들에 의해서 근대식 여성 교육이 시작되었고, 나라에서도 각종 여학교를 세워서 여성 교육을 본격화했다. 20세기에 들어와서 자신의 이름을 걸고 공적으로 활동하던 대부분 여성들이 기독교 여성들인 것을 알 수 있다. 기독교는 당시 상황에서 그만큼 여성들에게 해방적 메시지였고, 여성들은 드디어 한 독립적인 주체로서 자신의 이름을 갖게 되었다. 기독교는 아시아 전통의 종교들과는 달리 일찍이 신인동형론적으로 인격신적인 유일신 사상을 발달시킨 토양에서 자라났다. 인격적인 유일신 종교는 다신교적인 종교 전통들과는 달리 성적(性的)인 것을 신적(神的)인 것과 연결시키지 않는다. 거기에는 어떤 여성다움을

23 김진송, 『서울에 딴스홀을 許하라』, 현실문화연구, 2002, 233쪽.

대변할 여신이 없고, 우주 속의 여성적인 원리 같은 것도 없다. 그리하여 근동학자이며 성서학자인 프라이머켄스키(Tikva FrymerKensky) 같은 학자에 따르면 히브리 성서가 주변의 고대 텍스트와는 달리 신에게서 성차를 없앴으며, 더는 남성적이거나 여성적인 기능을 없게 한 것은 유일신교가 가져온 큰 혁신의 산물이며 새로운 세계관의 변화라고 한다.[24] 물론 히브리 유일신도 종종 전사나 왕, 주님 등과 같이 남성적인 특질에 따라 인식되기도 하지만, 그럼에도 불구하고 이 유일신교의 신은 결코 '남근적'(phallic)이지 않으며, 남성의 생식력을 표상하지도 않는다는 것이다. 그런 의미에서 성적으로 남성적인 존재가 아니며, 오히려 여성과 남성 모두를 포괄하는 '단일성'(a unity)일 수 있다고 강조한다.

이러한 강조는 우리가 이미 유교적 초월인 리(理)나 태극을 의미짓는 데서도 유사하게 이야기했다. 리나 태극의 보편적 궁극성은 기독교 하느님의 유일신적인 궁극성과 마찬가지로 성적(性的) 영역을 넘어서는 초월 개념으로 양성을 모두 포괄하는 가능성을 훌륭하게 가지고 있다. 그러나 유교는 우주와 존재 이해에 있어서 다시 음양이라는 개념을 성적(性的)으로 해석하여 끌어들였고, 그래서 역사상

---

24 Tikva FrymerKensky, 1992, *In the Wake of the GoddessWomen, Culture, and the Biblical Transformation of Pagan Myth*, (NY: Free Press) p. 188, 220.

에서 여성들의 위치가 열악했다. 하지만 기독교는 그러한 우주론적인 차별을 허락하지 않았으므로 현실에서의 상황은 더 유리했던 것 같다. 또한, 예수라는 한 구체적인 역사적 인물을 구세주(그리스도)로 인식하며 신화(神化, 성육신)의 확실한 보증으로 삼아서 여성들을 포함한 일반 민중들이 불교나 유교 전통에서보다도 훨씬 더 용이하게 구체적으로 궁극자에게 다가갈 수 있도록 했다.

그래서 얼마전까지 인구 30% 이상이 기독교인이던 한국 사회에서 누구나 원하기만 하면 최고의 궁극자를 자신과의 친밀한 관계 속으로 모셔올 수 있었고, 그 궁극자에 대해서 기술한 책(성서)을 간편하게 각자의 집안에 둘 수 있었다. 심지어는 지하철에서도 그것을 읽으며 쉽게 대면하게 되었다. 그렇게 존재와 의미의 최고 존재를 아주 친밀한 신인동형적 인격신의 모습으로 만날 수 있게 된 한국 여성들이 더 이상 어떤 성차별적인 봉쇄를 두려워할 것인가? 심지어 그 성차별을 우주론적으로 규정한다 할지라도 여성들의 인격신적인 확신은 그것을 쉽게 무력화시킬 수 있는 것을 본다. 기독교의 유입으로 한국 사회에서 성 평등과 해방이 가속화된 것이 이러한 이유에서라고 생각한다.

2) 현대 페미니즘과의 만남을 통한 성적 자아의 확장

그러나 기독교처럼 그렇게 섹슈얼리티와 성스러움, 성(性)과 성스러움(理)을 직접 연결하지 않고 분리시킨 것이 문제를 모두 해결한 것은 아니다. 성스러움과 관계없어진 성(性)은 인류가 생명 문화론적으로 여전히 놓여 있는 가부장주의 현실에서 쉽게 가치 차별적인 속된 것으로 치부되고 물화(物化)될 수 있다. 사실 기독교 역사 자체가 이 문제를 풀고자 하는 과정이었다 해도 과언이 아니며, 그 성취 여부는 오늘날 한국도 거기서 자유로울 수 없는 서구 성문화의 현재 모습이다.

기독교 여성 신학자 로즈마리 류터는 그녀의 저서 『기독교와 현대 가정의 형성』(Christianity and the making of the modern family)에서 어떻게 서구 기독교 2천 년 역사가 '가족'(family) 개념과 연결해서 이 성(性)과 결혼문제를 다루어왔는가를 살폈다. 그러면서 오늘날 20세기 페미니즘의 등장으로 다시 한번 급진적인 변화를 겪고 있는 가족주의의 해체 상황에서 다른 대안을 제시한다.[25] 그녀에 따르면 유대와 로마 제국의 지독한 가부장주의 토양에서 하나의 혁명으로 등장한

---

25   Rosemary Redford Ruethe, *Christianity and the making of the modern family*,
      Beacon Press 2000.

기독교는 원래 임박한 종말의 기대로 결혼이나 성 구별의 문화 등을 모두 무시하는 '반가족'(antifamily) 전통이었다. 그러나 종말이 지연되자 하나의 사회체제로 자리 잡아야 했던 교회는 결혼과 가족 등을 한편 인정해주기도 했지만, 중세 수도원 문화와 마녀사냥 등으로 아주 반여성적이고, 반육체적인 모습으로 성속을 구분했다. 하지만 중세 이후 이러한 극심한 종교적이고 도덕적인 구분을 더는 지속할 수 없었던 교회는 종교개혁을 맞이했고, 종교개혁은 섹슈얼리티의 영역을 성속의 가치판단을 떠나 그저 자연스러운 세속의 영역으로 인식했다.(the desacramentalizing of marriage)[26] 그렇지만 여전히 기독교의 금욕적인 터부시의 전통이 계속되어서 빅토리아 시대의 이상화된 중산층 핵가족 성 모럴(moral, 윤리)에서도 여전히 지속되어 20세기 후반기 페미니즘의 본격적인 공략으로 성 모럴과 결혼, 가족 개념들이 완전히 물화(物化)되고 세속화되기까지 더 기다려야 했다고 류터는 밝힌다.

서구 기독교 문명권의 근대 계몽주의의 딸로서 세계와 성(性)을 급진적으로 탈신화화하는 페미니즘은 인간 성의 젠더적 측면(사회적 성)을 찾아냈다. 또한 단지 재생산에 관계하는 성이 아닌 쾌락으로

---

26   *Ibid.*, p. 75ff.

서의 성을 드러냈다. 이 페미니즘의 물결이 한국 사회에도 밀어닥쳐서 전통의 성 역할을 크게 해체했고, 특히 쾌락으로서의 성 의식이 빠르게 확산하여 한국 사회는 지금 OECD 국가 중에서 가장 높은 이혼율을 보이고 있다.

또한, 페미니즘의 세례를 받은 여성 지식인들에 의해서 전통 가족에 대한 비판도 더욱 첨예화되어, 특히 가정과 가족을 중시하는 한국의 전통적 가족 중심주의, 가족 이데올로기가 심하게 비판받고 있는 현실이다. 이들에 따르면 한국의 가족 중심적 사회 체제는 "가족의 경계 바깥에 어떠한 안전지대도 마련하지 않는", 그래서 "이 사회가 수많은 사람들을 무사회적 고립자, 거리의 사람들로 만든다." 또한, 이렇게 "무사회적 고립자들의 원한이 그들로 하여금 따뜻한 가족의 품 이외에는 어떠한 탈출구도 찾을 수 없이 만드는 현실"이야말로 우리 사회가 "위험사회로 달려가는 지표"라고 날카롭게 지적한다.[27]

오늘날 이와 같은 전통적 가족 이데올로기에 대한 비판은 더는 간과될 수 없다. 오늘의 변화된 성 의식은 예전의 가족과 성 이데올로기를 크게 흔들었다. 그러나 한편 이 상황과 더불어 우리 사회에도

27　권영아, 『가족이야기는 어떻게 만들어지는가』, 책세상, 2000, 62쪽.

급속도로 확산되는 성(性)의 물화(物化) 폐해도 심각하다. 성의 세속화를 철저하게 겪고 있는 젊은 세대에게 성은 이제 더는 가치나 의미와 연결되는 어떤 것이 아니다. 오직 선호의 문제일 뿐이며, 더군다나 과거 일부일처제의 결혼제도 등과 연결되어서 실행되던 차원은 대부분 사라졌다. 성은 철저히 쾌락과 선호, 그리고 물질적인 편리함의 문제가 된 것이다.

이러한 상황에서는 그래서 성교육도 단순히 '안전'(safety)의 문제가 되었고, 병리학 차원에서만 이야기되며, 성적(性的) 삶에 어떤 인간적인 의미나 정신적인 힘으로서의 관계의 지속성, 또는 내면적인 친밀성 등의 뜻이 담길 여지가 없게 되었다고 비판받는다. 이렇게 철저히 물화된 섹슈얼리티는 오늘날 서구에서뿐 아니라 한국 사회에서도 하나의 오락물이 되었고, 모든 상업광고가 가장 선호하는 수단이 되어서 모든 선전에 섹스가 사용되지 않는 곳이 거의 없게 되었다.

이러한 상황이 오늘날 서구 기독교 전통과 더불어 현대 페미니즘을 받아들이고 있는 한국 사회와 여성들이 맞이하고 있는 두 가지 갈등 상황이다. 어떠한 성적(性的)인 요소와도 직접 연결되는 것을 거부한 기독교의 가르침을 받아들임으로써 한국 여성들은 전통적인 우주론적 성차별 체계를 극복할 수 있었지만, 다시 몸과 성(性)에 대한 철저한 물화의 위협 앞에 노출되어 있다. 그래서 또 다른 전환을 기대하며 다시 전통과의 대화를 시도하는 것이다.

3) 동서 다원적 종교 전통들과의 대화를 통한 삶의 새로운 예화

20세기 페미니즘의 성 해방이 약속한 것은 그것과 더불은 인간 해방이었고, 성(性)이 오랫동안 부정과 무시를 벗어나서 진정으로 삶을 격려하고, 인간 간의 관계를 심화시켜 주며, 하나 됨의 기쁨을 크게 해주는 삶의 기제로 자리 잡도록 하는 것이었다. 그러나 결과는 그렇지 못하다는 것을 누구나 본다. 결혼제도나 가족의 해체는 아직 거기에 대신할 만한 효과 있는 대안체를 가져다주지 못하고 있다. 그래서 지구상 어느 종보다도 성장에 있어서 긴 기간의 섬세한 배려를 필요로 하는 인간종 어린이들이 특히 방치되고 있다.

이러한 인류적 상황에 맞서서 앞의 기독교 여성신학자 류터는 다시 새롭게 교회가 개인적 삶에 성례전적으로 간섭할 수 있는 길을 찾고자 했다. 이것은 새로운 수준에서 삶을 "의례화"(hallowing covenant relations)하고 '예화'하는 것이라고 밝힌다. 예를 들어 오늘날 이렇게 성(性)이 이른 시기부터 생활의 한 부분이 된 상황에서는 처음으로 성생활에 들어가는 청소년들을 예전적으로 인도할 수 있고, 또한 오늘날 변화된 결혼 풍속에서는 동거를 거쳐 영구히 함께하겠다는 맹세를 위한 의례를 주관할 수 있다고 한다. 아이의 청소년기가 시작되면서 멘토(mentor)를 갖게 하고, 성 문제와 더불어 신앙 문제를 진지하게 성찰할 수 있게 하는 견신례적인 의례, 마지막으로,

인생의 황혼기에 중년과 노년으로 들어서면서 삶의 성숙에 대해 다시 한번 진지하게 검토하게 하고 지금까지의 배우자와 나머지 삶도 함께할 것인가를 물으면서 이혼의 경우는 그것도 일종의 의례로서 의미 있게 마무리하도록 하는 일 등이다.[28]

이러한 제안은 교회가 전통적인 가부장주의적 가족제도의 해체는 인정하지만, 그러나 그 안의 가정과 가족의 의미는 새롭게 살리고, 또한 삶과 성(性)의 예화와 성화의 의미를 살려서 대안적으로 삶을 성례전화하는 길을 모색하는 것을 말한다. 그런데 여기서 한국 여성들은 이러한 서구 기독교에서의 가르침과 더불어 자신들의 더 오래된 전통으로부터 훨씬 더 전개된 가르침들을 얻을 수 있다는 것이다. 앞에서 지적했듯이 예를 들어 유교는 일상의 모든 영역을 성화하고 예화하고자 하는 나름의 성속 기제이므로 그로부터 의미 있는 가르침을 얻는 것을 말한다. 리(理)나 성(性)의 하나 됨을 주장하는 유교는 인간의 섹슈얼리티와 성적 생활도 예화 과정 바깥에 두지 않으며, 그래서 우리 몸을 일종의 수행을 실행하는 예기(禮器)로 본다. 그리하여 삶의 단계마다 그리고 삶의 각 영역에서 많은 가르침들을 축적했으며, 우리는 그로부터 배울 수 있다. 물론 앞에서도 지

---

28   Rosemary Radford Ruether, *Ibid.*, p. 214-223.

적했듯이 음양의 성차별적인 적용이 여전히 문제의 소지를 담고 있기는 하지만, 이것을 좀 더 관계 지향성의 언어로 해석한다거나, 또는 오늘날에는 남녀유별이 아닌 '각인유별'(各人有別)의 의미 속에서 음양을 모두가 각자 자신 안에 가지고 있는 성적(性的)인 두 요소를 가리키는 것으로 해석한다면 상황은 그렇게 나쁘지 않다.[29]

이제 인류가 처한 상황은 여성의 몸이 서서히 재생산의 메커니즘에서 해방되고 있고, 그런 면에서 성(性)은 더욱 각자의 자율의 영역으로 들어가게 되었다. 자율의 영역으로 들어간다는 것은 종교인들에게는 그것을 자신이 속해 있는 종교 전통 안에서 나름의 방식으로, 궁극적으로 성스러운 영역으로 화하게 하는 책임 앞에 섰다는 것을 의미한다. 이러한 상황에서 우리 삶의 전 영역과 몸을 예기로 다듬어 가고자 하는 유교의 종교성은 우리에게 큰 시사가 된다. 오늘날 일련의 여성 종교가들은 지금의 철저하게 물화된 성(性)과 섹슈얼리티, 여성성을 보고서 그 반대의 방법으로 그것을 다시 신격화해서 여신의 상징으로 의미 짓는 방법을 제안한다. 그러나 필자는 앞에서도 밝혔지만 그러한 방법은 시대적으로 한계가 있다. 그보다는 오히려 유교적인 몸의 예화 방식이 훨씬 더 현대인들의 자기 성

---

29 김혜숙, 「아시아적 가치와 여성주의-책임의 도덕과 권리의 정치학」, 『철학연구』 44호, 1999.

찰적 방식과 어울린다고 보는데, 왜냐하면 여신숭배 방식처럼 그렇게 다시 신적인 것과 성적(性的)인 것을 직접적으로 연결시키지 않으며, 그런 연결은 비록 여신과 관계된 것이라도 다시 여성들을 자연의 게토에로 몰아갈 수 있기 때문이다.

인류에게 있어 종의 양적 팽창이 주된 과제였던 시기는 이제 지났다. 그러므로 여성의 생식력이 가부장주의 논리에 의해서 억압적으로 컨트롤 되어서도 안 되지만, 또한 여신적인 상징으로 찬양되는 시기도 지났다. 따라서 오늘날 한국 여성들이 나가야 할 길은 조선후기로 오면서 점점 자각하게 된 예화와 도덕적 주체로서의 자각을 현대 기독교 인격신적인 신앙과 페미니즘으로 더욱 용이하게 심화시켜서 삶의 모든 영역을 포괄할 수 있는 여성주의적 성찰의 힘으로 넓혀 나가는 길일 것이다. 그것은 곧 오늘날 서구 기독교와 현대 페미니즘이 빠져 있는 과격한 세속화의 위험을 동아시아적 예화의 전통으로 보완하고 새롭게 하는 일을 말한다. 바로 한국 여성들 삶 속에서 인류 동서 종교 전통들이 중첩적으로 만나 온 실제에 근거하여 여기서의 창조적인 대화를 통해서 한 새로운 대안적 종교성을 탐색하는 일이 될 것이다.

6. 한국 여성 종교성의 세 차원

: '통합성'(聖), '타자성'(性), '지속성'(誠)

지금까지 우리는 한국 여성들의 삶이 상고대 가모장적 샤머니즘의 토대에서 시작해서 불교와의 만남, 조선 유교와 현대 서구 기독교와 페미니즘의 만남을 거치면서 어떻게 그러한 시대의 종교 담론들과 어우러져 다양한 열매를 맺으며 이어져 왔는지를 살펴보았다. 이러한 관점은 종교를 문화의 핵으로 보면서 각 종교 체계가 나름의 성속 구조를 갖추고 여성들의 삶에 역할을 해 왔다고 보는 것을 말한다.

한국 종교문화사의 큰 특징은 그 안에 세계 주요 종교 전통을 두루 포괄하고 있다는 것이다. 또한, 그 전통은 오늘날까지도 매우 활발하게 살아 있는 전통으로 작용하고 있다. 그런데 이러한 종교 전통에서 실질적인 역할을 담당해 온 것은 여성이었다. 따라서 그 여성들의 삶과 종교 활동을 살펴보면 세계 주요 종교 전통의 고유한 역할과 한계를 알 수 있다. 여기서 우리는 특히 지금까지 현대 페미니스트의 입장에서 결코 긍정적인 관계를 맺기 힘들었던 유교 전통도 그 나름의 성속의 체계를 갖추고 역할을 해 온 것을 부각하고자 했다. 더 나아가서 오늘날 서구적 몸과 섹슈얼리티, 가족 담론들이 보여주는 한계 앞에서 다시 경청할 만한 요소들이 있다는 것을 말했다.

그러나 한편 유교에 대한 현대 페미니즘의 요청은, 오늘의 축적된 제반 과학적 지식들이 인류 삶의 조건에서 과거 가부장주의 시대가 종식되어 감을 확실히 밝혀주는 상황에서 그 종식을 더욱 분명히 인식해야 한다는 것이다. 그런 의미에서 이제 혈연 중심의 가족은 한계에 봉착했다는 것을 인정하고, 가족은 각자의 의지와 선호에 의해서 선택될 수 있으며, 그런 의미에서 "혈통을 넘어선 자발적 2차 집단"으로 활성화될 수 있다는 사실도 인식해야 한다는 것이다. 곧 가족의 이상은 전통으로부터 이어받지만, 그 실제 내용과 구성 방식에 있어서는 다양성을 인정하는 것을 말한다.

이렇게 한국 여성들은 인류 문화 역사의 거의 모든 전통으로부터 배울 수 있다. 그리하여 오늘날 누구보다도 더 용이하게 '통합적인 영성'(聖, Integrity)을 키워 나갈 수 있다. 일상의 모든 것 속에서 거룩을 느끼며, 삶의 전 영역을 성화하려는 그들의 배려 속에 들어오지 않는 대상과 존재는 없으며, 이 세상의 만물이 그들 관심의 대상이 되는 것을 말한다. 한국 여성들은 이렇게 세상의 존재를 크게 포괄하여 통합을 추구하고, 또 이전보다 훨씬 더 그 능력을 담지하게 되었지만, 그러나 동시에 그 통합하고자 하는 여성 주체도 결코 타자와의 관계 밖에 있는 것이 아니라는 사실을 혹독히 배워 왔다. 그것은 곧 삶에서 항상 새롭게 등장하는 다름과 타자에 대한 인정과 개방을 말하는 '타자성'(性, Otherness) 또는 '개방성'(Openess)의 영성인데, 여러 전통 중에서 불교는 이것을 더욱 분명히 가르쳐주었다고 생각하고, 한국 여성들이 그들의 고통스러운 삶을 이어 올 수 있도록 해주었다고 필자는 이해한다. 또한 한국 여성들은 유교 전통에서 지극한 마음으로 봉제사와 접빈객을 실천해 오면서 다시 한번 개방성과 타자성의 종교성을 체득했는데, 현대 기독교의 '그리스도'와 '십자가'의 의미를 배우면서 그것을 다시 깨달은 것이다.

그러나 무엇보다도 한국 여성들이 지나온 과정의 전통에서 아주 고유하게 가꾸어 온 영성은 '지속성'(誠, Continuity)의 영성이다. 그것은 존재의 현재성과 신체성에 대한 끊임없는 인식과 더불어 일상의 영역을 성(聖)의 영역으로 확산시키기 위해 끝없는 인내와 지속함으로, 간단없이 노력하는 일이다. 앞에서 임윤지당과 강정일당 등의 삶을 통해서도 지적했듯이 지극히 일상적인 삶을 꾸려 가는 여성들로서 삶의 모든 시간과 공간을 지속적인 성화와 예화의 기회로 삼으면서, 생이 다하도록 그 일을 멈추지 않은 것이다. 오늘날도 이 지속성의 영성은 모든 것이 찰나적인 것으로 변해 버리고 주관적인 것으로 변해 버리는 때에 다시 존재의 기반이 되며 성실한 삶의 기초가 될 수 있다.

이렇게 해서 필자는 세계의 큰 종교 전통들을 거의 모두 경험한 한국 여성들의 종교성으로서 '통합성'(聖)과 '타자성'(性), 그리고 '지속성'(誠)의 종교성을 제시하며, 그것을 앞으로 인류 삶과 세계를 위한 대안의 종교성으로 의미 짓고자 한다. 그러면서 여기서 우리가 다시 확인하는 것은 어떠한 종교 체계도 그 자체로 온전할 수 없고, 따라서 모두 나름의 사각지대가 있으며, 그런 의미에서 서로 자극하고 보완해야 한다는 것이다.

『논어』,『맹자』,『대학』,『중용』
『경전으로 본 세계종교』
『고려사』
『근사록』
『동경대전』
『담헌서』
『성호사설』
『성호선생문집』
『신편 국역 하곡집』
『여유당전서』
『윤지당 유고』
『율곡전서』
『의암집』
『이병헌전집』
『이자수어』
『이해학유서』
『전습록』
『정일당 유고』
『진교태백경』
『천주실의』
『칠극』
『퇴계전서』

■ 1부_ 한국 유교사의 맥과 인류 종교의 미래
금장태,『유교개혁사상과 이병헌』, 예문서원, 2003.
김선희,『마테오 리치와 주희, 그리고 정약용-천주실의와 동아시아 유학의 지평』, 심산, 2012.
김선희,『서학, 조선 유학이 만난 낯선 거울-서학의 유입과 조선 후기의 지적 변동』, 모시는사람들, 2018.

김순석, 『근대 유교개혁론과 유교의 정체성』, 모시는사람들, 2016.

김승혜, 『유교의 뿌리를 찾아서』, 지식의 풍경, 1990.

김정환, 『金教臣, 그 삶과 믿음과 소망』, 한국신학연구소, 1994.

김치완, 「천진암 주어사 강학회의 성격에 관한 연구-다산의 『자찬묘지명(自撰墓誌 銘)』을 중심으로」, 『역사와 신학』 2012, 0(47).

김자현, 『임진전쟁과 민족의 탄생』, 주채영 옮김, 너머북스, 2019.

김지용, 『박지원의 문학과 사상』, 한양대학교 출판원, 1994.

김태준, 『홍대용 평전』, 민음사, 1987.

김현, 「현실적 도덕 주체성의 확립」, 한국사상사연구회 편저, 『조선유학의 학파들』, 예 문서원, 1996.

김형찬, 「세계관의 변화와 선진 문물의 수용」, 한국사상사연구회 편저, 『조선유학의 학파들』, 예문서원, 1996.

노관범, 『기억의 역전-전환기 조선사상사의 새로운 이해』, 소명출판, 2017.

노르베르트 엘리아스, 『문명화과정 I, II』, 박미애 옮김, 한길사, 1996/1999.

니콜라스 베르댜예프, 『노예냐 자유냐』, 이신 옮김, 늘봄, 2015.

도올 김용옥, 『동경대전1, 2』, 통나무, 2021(1).

루돌프 슈타이너, 『젊은이여, 앎을 삶이 되도록 일깨우라-인류 발달에 관한 정신과학 적 연구결과』, 최혜경 옮김, 밝은누리, 2013.

류승국, 『한국사상의 연원과 역사적 전망』, 유교문화연구소, 2009.

백영서 엮음, 『개벽의 사상사』, 창비, 2022.

박길수, 「하곡 생리설에 대한 비판적 고찰」, 『양명학』 제64호, 2022.03.

박은식, 『한국독립운지혈사(상)』, 남만성 옮김, 1999.

마이클 샌델, 『정의란 무엇인가』, 김명철 옮김, 와이즈베리, 2009.

마이클 샌델, 『공정하다는 착각』, 함규진 옮김, 와이즈베리, 2020.

미야지마 히로시, 배항섭 엮음, 『동아시아는 몇시인가』, 너머북스, 2015.

박순경, 『삼위일체 하나님과 시간』, 신앙과지성사, 2014.

변선환 아키브 편, 『3·1정신과 '以後' 기독교』, 모시는사람들, 2019.

설지인, 『하늘의 신발-18세기 조선 문명전환의 미시사』, 박영사, 2021.

송기식, 『유교유신론』, 안병표 주역, 대구: 신흥인쇄사, 1998.

선병삼, 「유학의 입장에서 본 해천 윤성범의 효자예수론」, 현장(顯藏)아카데미 편, 『21세기 보편영성으로서의 誠과 孝-海天 윤성범 선생 탄생 100주년 기념』, 동연, 2016.

신후담 지음, 『하빈 신후담의 돈와서학변』, 김선희 옮김, 사람의무늬, 2014.

안정복 지음, 『순암집 2』, 이상하 역주, 순암 안정복 선생 기념사업회, 2016.

안정복 지음, 『순암집』, 이상하 옮김, 한국고전번역원, 2017.

양창아, 『한나 아렌트, 쫓겨난 자들이 정치』, 이학사, 2019.

오구라 기조, 『한국은 하나의 철학이다』, 조성환 옮김, 모시는사람들, 2017.

예문동양사상연구원, 『하곡 정제두』, 김교빈 편저, 예문서원, 2005.

원재린, 「성호 이익, 함께 사는 길을 찾아 나서다」, 『내일을 여는 역사』, 2011 가을호.

원재린, 『조선후기 성호학파의 학풍 연구』, 혜안, 2003.

원주시, 『국역윤지당 유고』, 2001.

윤석산 역주, 『도원기서』, 모시는사람들, 2012.

윤성범, 『誠의 神學』, 서울문화사, 1971.

윤성범, 『孝』, 서울문화사, 1973.

윤호진, 『배산서원(培山書院)』, 경인문화사, 2017.

이경구, 『조선, 철학의 왕국-호락논쟁 이야기』, 푸른역사, 2022.

이경구, 「이벽, 황사영, 정하상의 천주교, 유교 인식의 동일성과 차이점」, 『교회사연구』, 2018(2), vol., no.52.

이광호 편역, 『퇴계와 율곡, 생각을 다투다』, 홍익출판사, 2013.

이규성, 『한국현대철학사론』, 이화여자대학교출판부, 2019.

이기동 · 정창건 역해, 『환단고기』, 도서출판 행촌, 2019.

이동준, 『16세기 한국 성리학파의 철학사상과 역사의식』, 심산, 2007.

이동준 등 24인, 『근세 한국철학의 재조명』, 심산, 2007.

이신, 『슐리얼리즘과 영靈의 신학』, 동연, 2011.

이영춘, 『강정일당-한 조선여성 지식인의 삶과 학문』, 가람기획, 2002.

이용주 외, 『조선 유학의 이단비판』, 새물결, 2017.

이우성 · 강만길 편, 『한국의 역사인식下』, 창작과비평사, 2014.

이은선, 『유교 기독교 그리고 페미니즘』, 지식산업사, 2003.

이은선, 『잃어버린 초월을 찾아서-한국 유교의 종교적 성찰과 여성주의』, 모시는사람들, 2009.

이은선, 『한국 생물生物여성영성의 신학-종교聖 · 여성性 · 정치誠의 한몸짜기』, 모시는사람들, 2011.

이은선, 『생물권 정치학 시대에서의 정치와 교육-한나 아렌트와 유교와의 대화 속에서』, 모시는사람들, 2014.

이은선, 『다른 유교 다른 기독교』, 모시는사람들, 2016.

이은선, 『동북아 평화와 聖·性·誠의 여성신학』, 동연, 2020(1).

이은선, 『사유하는 집사람의 논어 읽기』, 모시는사람들, 2020(2).

이은선 외, 『李信의 묵시의식과 토착화의 새 차원-슐리얼리스트 믿음과 예술』, 동연, 2021.

이정배, 『유영모의 귀일신학』, 신앙과지성사, 2020.

이종상, 「의암 유인석의 춘추의리학과 의병 정신」, 한국철학사 연구회 편, 『한국철학 사상가 연구』, 철학과현실사, 2002.

이황 지음, 『성학십도』, 이광호 옮김, 홍익출판사, 2001.

이황 지음, 『퇴계집-사람됨의 학문을 세우다』, 이광호 옮김, 한국고전번역원, 2017.

임종수 외, 『孝와 敬의 뜻을 찾아서』, 이은선, 「정의와 孝-오늘 우리 삶을 정의롭게 만 들기 위한 토대로서의 孝」, 도서출판 문사철, 2019.

임헌규, 『주희 인설』 해제, 책세상, 2014.

조성환, 『하늘을 그리는 사람들-퇴계·다산·동학의 하늘철학』, 소나무, 2022.

줄리아 칭, 『유교와 기독교』, 변선환 옮김, 분도출판사, 1994.

줄리아 칭, 『지혜를 찾아서-왕양명의 길』, 이은선 옮김, 분도출판사, 1998.

줄리아 크리스테바, 『한나 아렌트-삶은 하나의 이야기다』, 이은선 옮김, 늘봄, 2022.

지구인문학연구소 기획, 『지구적 전환 2021』, 모시는사람들, 2021.

최영성, 『한국사의 재발견』, 도서출판 문사철, 2018.

최영진, 『한국성리학의 발전과 심학적·실학적 변용』, 도서출판 문사철, 2017.

칸트, 『판단력 비판』, 백종현 옮김, 아카넷, 2009.

하나, 「성호 이익의 사단칠정론에 나타난 공공성의 철학적 기초」, 『철학』 149집, 2021.

함석헌, 『뜻으로 본 한국역사』, 함석헌전집1, 한길사, 1986.

함석헌, 『함석헌 다시 읽기』, 노명식 전집 4, 책과함께, 2011.

후레드릭 W. 모트, 『중국문명의 철학적 기초』, 권미숙 옮김, 인간사랑, 1991.

한나 아렌트, 『과거와 미래』, 서유경 옮김, 푸른숲, 2005.

한나 아렌트, 『전체주의의 기원 1』, 이진우·박미애 옮김, 한길사, 2006.

한국문화신학회 엮음, 『한류로 신학하기-한류와 K-Christianity』, 동연, 2013.

한국사상사연구회 편저, 『조선유학의 학파들』, 예문서원, 1996.

한국철학사연구회 편, 『한국철학 사상가 연구』, 철학과현실사, 2002.

한민족통일신학연구소 엮음, 『원초 박순경의 삶과 통일신학 톺아보기』, 이야기, 2022.

홍대용 지음, 『산해관 잠긴 문을 한 손으로 밀치도다』, 김태준·박성순 옮김, 돌베개, 2001.

Martina Deuchler, *The Confucian Transformation of Korea- A Study of Society and*

Ideology, Harvard-Yenching Institute Monograph Series, 1992.

Rodney L. Taylor, *The religious Dimensions of Confucianism*, Suny, 1990.

Rosemary Redford Ruether, *Christianity and the making of the modern family*, Beacon Press, 2000.

Tikva Frymer-Kensky, *In the Wake of the Goddess-Women, Culture, and the Biblical Transformation of Pagan Myth*, NY: Free Press, 1992.

■ 2부_ 한국 종교문화사 전개와 현대 페미니즘

고영진,『조선중기 예학사상사』, 한길사, 1995.

권영아,『가족이야기는 어떻게 만들어지는가』, 책세상, 2002.

김성례 외,『한국 종교문화 연구 100년』, 청년사, 1999.

김영미,「불교의 수용과 여성의 삶·의식 세계의 변화-고려시대 여성의 가정생활을 중심으로」,『역사교육』 제62호, 1997.

김영미,「고려시대 비구니의 활동과 사회적 지위」,『한국문화연구 1』, 2001년 가을.

김영태,「삼국시대 서민들의 불교신앙」,『대한민국학술원논문집(인문·사회과학편)』, 제35집.

김진송,『서울에 딴스홀을 許하라』, 현실문화연구, 2002.

김혜숙,「아시아적 가치와 여성주의-책임의 도덕과 권리의 정치학」,『철학연구』44호, 1999.

리타 M. 그로스,『페미니즘과 종교』, 김윤성·이유나 역, 청년사, 1990.

유승국,「신라시대에 있어서 유·불·도 삼교의 교섭에 관한 연구」,『대한민국학술원 논문집(인문·사회과학편)』35집, 1996.

이능화,『조선여속고』, 김상억 역, 동문선, 1990.

이순형,『한국의 명문종가』, 서울대학교출판부, 2000.

이영춘,『차례와 제사』, 대원사, 1994.

장병인,『조선전기 혼인제와 성차별』, 일지사, 1999.

최숙경·하현강,『한국여성사-근대, 조선시대』, 이화여자대학교출판부, 1993.

최연미,「조선시대 여성 저서의 편찬 및 필사 간인에 관한 연구」, 성균관대학교 박사학위논문, 2000.

한국 여성연구소 여성사연구실,『우리 여성의 역사』, 청년사, 1999.

한국종교연구회,『한국종교문화사 강의』, 청년사, 1999.

한국종교학회 편,『해방 후 50년 한국종교연구사』, 도서출판 창, 1997.

한국 페미니스트 신학자의 유교 읽기

등록 1994.7.1 제1-1071
1쇄 발행 2023년 8월 31일

지은이 이은선
펴낸이 박길수
편집장 소경희
편 집 조영준
관 리 위현정
디자인 이주향
펴낸곳 도서출판 모시는사람들
　　　　03147 서울시 종로구 삼일대로 457(경운동 수운회관) 1207호
전 화 02-735-7173, 02-737-7173 / 팩스 02-730-7173

인 쇄 피오디북(031-955-8100)
배 본 문화유통북스(031-937-6100)
홈페이지 http://www.mosinsaram.com/

값은 뒤표지에 있습니다.
ISBN 979-11-6629-174-6　　　　03100